Khalil Gibran
Erzähl uns vom Reichtum der Natur

KHALIL GIBRAN

Erzähl uns vom Reichtum der Natur

Ausgewählt, übersetzt und
eingeleitet von Ursula Assaf-Nowak

Patmos Verlag

VERLAGSGRUPPE PATMOS

**PATMOS
ESCHBACH
GRÜNEWALD
THORBECKE
SCHWABEN
VER SACRUM**

Die Verlagsgruppe
mit Sinn für das Leben

Cradle to Cradle Certified® ist eine eingetragene Marke des Cradle to Cradle Products Innovation Institute.

Die Verlagsgruppe Patmos ist sich Ihrer Verantwortung gegenüber unserer Umwelt bewusst. Wir folgen dem Prinzip der Nachhaltigkeit und streben den Einklang von wirtschaftlicher Entwicklung, sozialer Sicherheit und Erhaltung unserer natürlichen Lebensgrundlagen an. Näheres zur Nachhaltigkeits-Strategie der Verlagsgruppe Patmos auf unserer Website www.verlagsgruppe-patmos.de/nachhaltig-gut-leben

Hergestellt nach dem Cradle-to-Cradle Prinzip. Schützt unsere Umwelt und fördert eine abfallfreie Wirtschaft. Ausschließlich mit Ökostrom produziert, alle CO_2-Emissionen wurden kompensiert.

1. Auflage 2022
Alle Rechte vorbehalten
© 2022 Patmos Verlag
Verlagsgruppe Patmos in der Schwabenverlag AG, Ostfildern
www.verlagsgruppe-patmos.de

Umschlaggestaltung: Finken & Bumiller, Stuttgart
Umschlagabbildung: birmingham museums trust / unsplash
Gestaltung, Satz und Repro: Schwabenverlag AG, Ostfildern
Druck: GGP Media GmbH, Pößneck
Hergestellt in Deutschland
ISBN 978-3-8436-1353-8

INHALTSVERZEICHNIS

Einleitung   7

1. Kapitel:
ELEMENT ERDE
Wenn die Erde atmet, leben wir,
wenn sie ihren Atem anhält, sterben wir   13

2. Kapitel:
ELEMENT WASSER
Ich lauschte der Musik des Meeres
und vernahm das Lied der Ewigkeit   37

3. Kapitel:
ELEMENT LUFT
Ein Sturm befreit mein Herz
von allen Sorgen und Kümmernissen   57

4. Kapitel:
ELEMENT FEUER
Die Liebe ist die entflammte Hälfte
des Lebens   79

5. Kapitel:
DIE NACHT
Nur auf dem Pfad der Nacht
erreichen wir das Morgenrot   89

6. Kapitel:
DIE JAHRESZEITEN
Wenn der Winter sagen würde:
„Der Frühling ist in meinem Herzen",
wer wollte dem Winter Glauben schenken?   103

7. Kapitel:
DIE SCHÖNHEIT DES LIBANON   115

Literaturhinweise   123

EINLEITUNG

Die Natur – eine Treppe zu Gott

Khalil Gibran wurde am 06.01.1883[*] in der großartigen Landschaft des Nordlibanon, in der Nähe der tausendjährigen Zedern, geboren. In dieser Zeit stand der Libanon unter der Herrschaft des Osmanischen Reiches, und viele Libanesen emigrierten in andere Länder. Als Gibran zwölf Jahre alt war, wanderte seine Familie nach Amerika aus, und er wurde in das Chinesenviertel von Boston verpflanzt. Der Kontrast konnte nicht größer sein. Zeitlebens träumte Gibran von der Natur des Libanon. Er beschrieb sie in seiner Dichtung, und sie bildete die Folie fast aller Bilder des kongenialen Malers.

---

[*] Einige Biografen wie Mikhail Nuaimeh nennen den 6.12. als sein Geburtsdatum.

Sein Werk „Erde und Seele" versammelt die schönsten Texte über das Element ERDE, das er schmerzhaft vermisste in einer „Zivilisation, die sich auf Rädern fortbewegt", wie es in einem seiner Texte heißt. Für ihn ist die Erde das mütterliche Prinzip, das uns gebiert und nährt und am Ende aufnimmt und verwandelt. Sie ist lebensnotwendig für den Menschen: „Wenn die Erde atmet, leben wir; wenn sie ihren Atem anhält, sterben wir."

Eine ebenso große Rolle spielt in seinen Texten das Element WASSER. Ist doch seine Heimat ein schmaler Streifen Land zwischen Meer und Gebirge. Und auf seinen Schiffsreisen zwischen dem Libanon und Amerika verbrachte er viele Wochen zwischen Himmel und Meer. Vom Wasser verspricht er sich Heilung nicht nur von Krankheit sondern auch von Hektik und Geschäftigkeit. In seiner Wahlheimat sucht er oft einen kleinen Ort an einem See auf, um sich von Boston und New York zu erholen.

Was das Element LUFT betrifft, so hegte Gibran eine Vorliebe für den Sturm. In einem Brief an seine amerikanische Freundin und Förderin Mary Haskell heißt es: „Mary, was gibt es in einem Sturm, das mich so bewegt? Warum bin ich so viel besser und stärker und traue dem Leben mehr, wenn ein Sturm vorüberzieht? Ich weiß es nicht, doch ich liebe den Sturm mehr als alle anderen Naturerscheinungen." Und in einem anderen Text an die gleiche Adressatin heißt es: „Ein Sturm weckt Begeisterung in mir ... Ich stelle mir oft vor, dass ich auf einem Bergesgipfel im stürmischsten Land der Welt lebe. Gibt es solch einen Platz? Wenn ja, sollte ich dorthin ziehen."

Vom Element FEUER lassen sich dagegen in seinem Werk nur wenige Texte ausfindig machen. Es wird kaum thematisiert, allenfalls als Metapher benutzt. Umberto Eco schreibt zu Recht in einem Aufsatz: „Feuer ist das Element, das am meisten vergessen wird. Die Luft atmen wir unaufhörlich. Vom Wasser machen wir täglich Gebrauch und die Erde treten wir ständig mit Füßen. Doch die Funktion des Feuers wird zunehmend von Formen unsichtbarer Energie übernommen." Gibran leitet manche seiner Texte damit ein, dass die Dorfbewohner im Libanon an den Winterabenden im einzig geheizten Raum um den Kamin zusammensitzen und sich am flackernden

Feuer Geschichten erzählen. Ansonsten dient ihm das Feuer als Metapher für die Liebe und den Geist oder als Dufterzeuger in Verbindung mit Weihrauchkörnern. Wenn er von „feurigen Buchstaben" spricht, so meint er Dichterworte, die überdauern, während die mit Wasser geschriebenen Worte vergehen.

Wie die Romantiker so hat auch Gibran eine besondere Beziehung zur NACHT, die er für die Schatzkammer des Lebens hält. Und wie Novalis dichtete er eine „Hymne an die Nacht", in der es heißt: „Ihr nennt die Nacht eine Zeit der Ruhe. In Wirklichkeit ist sie die Zeit des Suchens und Findens. In ihrer Finsternis lehrt sie uns, die Gestirne des Himmels heller zu sehen, und sie erfüllt uns mit Ehrfurcht vor der Ewigkeit, während der Tag eine Täuschung ist, die uns wie Blinde in eine Welt der Mengen und Maße versetzt." „Nur auf dem Weg der Nacht erreichen wir das Morgenrot."

Fasziniert ist Gibran auch vom Rhythmus der JAHRESZEITEN. Im Erblühen und Vergehen der Natur sieht er ein Symbol des menschlichen Lebens.

Die NATUR, die Gibran in seinen Texten beschreibt und in seinen Bildern illustriert, ist meist die libanesische Natur. So schließt diese Sammlung mit einem Auszug seines im Libanon wohl bekanntesten und mehrfach vertonten Textes: „Ihr habt euren Libanon und ich den meinen."

Einige Biografen weisen darauf hin, dass die Naturbeschreibungen bei Gibran pantheistische Züge tragen. Doch für den maronitischen Christen ist Gott keine anonyme Macht, die mit der Natur identisch ist, sondern vielmehr ihr Schöpfer, dessen Spuren der Mensch in seiner Schöpfung entdecken kann, und die Natur „eine Treppe zu Gott".

1. KAPITEL
ELEMENT ERDE

*Wenn die Erde atmet, leben wir,
wenn sie ihren Atem anhält, sterben wir.*

DIE ERDE

Widerwillig, notgedrungen und widerstrebend
geht die Erde aus der Erde hervor.
Dann geht sie stolz auf der Erde einher.
Sie errichtet Paläste, Burgen und Tempel.
Sie bringt Legenden, Lehren und Gesetze hervor.

Schließlich ermüden die Erde die Taten der Erde.
Und sie webt aus den Luftspiegelungen der Erde
Fantasien und Träume. Dann legt sich Schwere
auf die Wimpern der Erde, und sie schläft ein –
ruhig, tief und ewig.

Und die Erde sagt zur Erde: Ich bin der Schoß
    und das Grab,
und ich werde der Schoß und das Grab bleiben,
bis die Sterne vergehen und die Sonne zu Asche
    verbrennt.
Erde und Seele, S. 51

Grabe irgendwo in der Erde,
und du wirst einen Schatz finden;
nur musst du mit dem Vertrauen
eines Bauern graben.
Sand und Schaum, S. 964

O ERDE

Wie schön und prachtvoll bist du, o Erde!
Wie vollkommen und edel ist deine Hingabe
   an das Licht,
ist deine Unterwerfung unter die Sonne!
Wie erlesen ist dein Kleid aus Schatten
und wie zart deine Schleier aus Finsternis!
Wie lieblich sind die Lieder deiner Morgenröte
und wie erschreckend die Rufe deiner Nächte!
Wie vollkommen und erhaben bist du, o Erde!

Ich lief durch deine Ebenen und stieg auf deine
Berge, ich durchwanderte deine Täler, kletterte
auf deine Felsen und betrat deine Höhlen
und Grotten. Ich erfuhr deine Träume in der
Ebene, deinen hohen Sinn auf den Bergen,
deine Ruhe in den Tälern, deine Entschlossenheit auf den Felsen und deine Verschwiegenheit
in den Grotten und Höhlen. Du bist heiter in
deiner Macht, erhaben in deinen Tiefen und
ohne Überheblichkeit in deinen Höhen. Du
bist sanft in deiner Entschlossenheit und
offen in deiner Verschwiegenheit ... Zwischen
deinen Hügeln und Bergketten hörte ich die
Lieder vergangener Epochen, und in deinen
Schluchten und an deinen Abhängen hörte ich

dich vertrauliche Zwiesprache mit dem Leben halten ... Du bist die Sprache der Unendlichkeit ..., du verkörperst die Saiten der Ewigkeit und ihre Finger, die Gedanken des Lebens und ihre Verkündigung.

Dein Frühling weckte mich und lockte mich in deine Wälder, wo deine Seufzer wie Weihrauch aufsteigen. Deine Sommer luden mich ein, in deinen Feldern zu rasten, wo du unter Mühen einen Segen von Früchten hervorbringst. Dein Herbst trieb mich in deine Weinberge, wo dein Blut als Wein fließt. Und deine Winter ließen mich auf deinem Lager ruhen, das der Schnee blütenweiß bezogen hat. Und du bist der Duft ihres Frühlings, die Freigebigkeit ihres Sommers, der Überfluss ihres Herbstes und die Reinheit ihres Winters.
Erde und Seele, S. 59 f

Die Blumen des Frühlings sind die Träume des Winters,
am Frühstückstisch der Engel erzählt.
Sand und Schaum, S. 969

Im Herbst sammelte ich alle meine Sorgen und vergrub sie in meinem Garten. Und als der April wiederkehrte und der Frühling kam, die Erde zu heiraten, da wuchsen in meinem Garten schöne Blumen, nicht zu vergleichen mit allen anderen Blumen. Und meine Nachbarn kamen, um sie anzuschauen, und sie sagten zu mir: „Willst du uns, wenn der Herbst wiederkommt, zur Saatzeit, nicht auch Samen dieser Blumen geben, damit wir sie in unseren Gärten haben?"
Sand und Schaum, S. 974

LIED DER BLUME

Ich bin ein Wort,
das die Natur ausspricht;
dann nimmt sie es zurück,
verbirgt es in den Falten ihres Herzens
und wiederholt es.

Ich bin ein Stern,
der aus blauem Himmel
auf einen grünen Teppich fällt.

Ich bin die Tochter der Elemente:
der Winter trug mich in seinem Schoß,
der Frühling brachte mich zur Welt,
der Sommer zog mich auf
und der Herbst sang mich in den Schlaf.

Ich bin ein Geschenk an die Geliebte,
eine Brautkrone,
ich bin die letzte Gabe
eines Lebenden an einen Toten.

Am Morgen künden der Sephir und ich
die Ankunft des Lichtes an,
und am Abend sagen die Vögel und ich
ihm Lebewohl.

Ich lasse mich nieder auf den Wiesen
und schmücke sie.
Ich atme in den Wind
und parfümiere ihn mit meinem Duft.

Ich trinke den Tau wie Wein
und lausche dem Lied der Drossel.
Unter dem Applaus des Grases tanze ich.
Ich blicke stets nach oben,
um nicht meinen Schatten,
sondern das Licht zu sehen.

Und dies ist eine Weisheit,
die der Mensch noch nicht gelernt hat.
EINETRÄNE UND EIN LÄCHELN, S. 445

EIN GRASHALM SAGTE

Ein Grashalm sagte zu einem Blatt im Herbst:
„Du machst solchen Lärm, wenn du fällst!
Du störst meine Winterträume."

Das Blatt antwortete ungehalten: „Du bist von niedriger Herkunft und hast dich nie über deine Niedrigkeit erhoben, griesgrämiges, stummes Ding! Du lebst nicht in den höheren Sphären und hast von Musik keine Ahnung."

Dann legte sich das Blatt auf die Erde und schlief ein. Als der Frühling kam, erwachte es wieder – und war ein Grashalm.

Als es Herbst wurde, die Zeit für den Winterschlaf nahte und in den Lüften die Blätter fielen, murmelte es: „O, diese Blätter im Herbst! Sie machen so einen Lärm!
Sie stören meine Winterträume.
DER NARR, S. 524

Wie freigebig bist du, o Erde, und wie groß ist
deine Geduld! Wie stark ist dein Mitleid mit
deinen Söhnen, die ihre Wahrheit gegen
Wahn eintauschten, und die verloren sind
zwischen dem, was sie erreichten und
was sie verfehlten.

Wir lärmen und du lächelst.
Wir verlassen dich und du verzeihst.
Wir fluchen und du segnest.
Wir entheiligen und du heiligst.

Wir schlafen, ohne zu träumen, und du
träumst noch im Wachen. Wir verletzen deine
Brust mit Schwertern und Pfeilen, und du
bedeckst unsere Wunden mit Öl und Balsam.
Wir säen Knochen, Hände, Schädel, und du
lässt daraus Pappeln und Weiden wachsen.

Wir geben dir unsere menschlichen Überreste
in Verwahr, und du füllst unsere Tennen mit
Korn und unsere Kelter mit Wein.

Wir bedecken dein Antlitz mit Blut, du aber
wischst unsere Gesichter an den Wassern des
Paradiesflusses.

Wir fördern deine Bodenschätze und
stellen daraus Kanonen und Bomben her,
und du nimmst unsere Grundstoffe auf
und verwandelst sie in Rosen und Lilien.

Wie überreich sind deine Gaben und Wohltaten,
o Erde, und wie unübertrefflich deine Güte!
Erde und Seele, S. 61 f

KLAGE IM FELD

Als ich die Blumen aufmerksam betrachtete,
sah ich Tautropfen wie Tränen aus ihren Augen
perlen, und ich fragte sie: „Warum weint ihr,
schöne Blumen?"

Eine hob ihren Kopf und sagte: „Wir weinen,
weil der Mensch kommen und unsere Köpfe ab-
schneiden wird, um sie in die Stadt zu bringen
und uns wie Sklaven zu verkaufen, doch wir
sind gewohnt, in Freiheit zu leben. Kommt der
Abend, und wir sind verwelkt, dann wirft er
uns weg. Wie sollten wir da nicht weinen, wenn
uns die harte Hand des Menschen von unserer
Heimat, dem Feld, trennen wird?"
Eine Träne und ein Lächeln, S. 350 f

Jedes Samenkorn, das der Herbst auf die Erdoberfläche wirft, hat seine eigene Methode, seine Hüllen zu sprengen und sein Inneres zu befreien, um seine Blätter, Blüten und Früchte zu bilden und zu entfalten. Doch obgleich die Methoden unterschiedlich sind, so bleibt ihr Ziel das gleiche: in Ehrfurcht vor dem Antlitz der Sonne zu stehen.
ERDE UND SEELE, S. 843

Die Sonne ist die Mutter der Erde, sie nährt sie mit ihren Lichtstrahlen, sie hüllt sie umarmend in ihr Licht und in ihre Wärme ein, und am Abend verlässt sie sie erst, nachdem sie die Erde in den Schlaf gewiegt hat zu den Melodien der Wellen des Meeres und den Liedern der Vögel …

Die Erde wiederum ist die Mutter der Bäume und Blumen, die sie gebiert, stillt und entwöhnt.

Bäume und Blumen ihrerseits sind zärtlich sorgende Mütter für ihre köstlichen Früchte und Leben spendenden Samen.
GEBROCHENE FLÜGEL, S. 248

DAS EHRGEIZIGE VEILCHEN

In einem entlegenen Garten lebte ein Veilchen, das hübsch aussah und einen lieblichen Duft verbreitete. Inmitten einer Gruppe anderer Veilchen wiegte es sich glücklich im Grase.

Eines Morgens hob das Veilchen seinen mit Tautropfen gekrönten Kopf und schaute sich nach allen Seiten um. Da erblickte es eine Rose, die sich mit schlanker Taille und stolz erhobenem Kopf zum Himmel aufrichtete wie eine Feuerflamme in einem Kandelaber aus Smaragd.

Das Veilchen öffnete seinen blauen Mund und klagte: „Wie unglücklich bin ich inmitten solcher Blumen! An ihrer Seite kommt mir ein ganz bescheidener Platz zu. Die Natur schuf mich winzig und unbedeutend. Ich hafte an der Erdoberfläche und kann mich nicht in den blauen Himmel aufschwingen oder mein Gesicht der Sonne zuwenden, wie es diese Rose tut."

Die Rose hörte, was ihre Nachbarin, das Veilchen sagte. Sie wiegte sich lächelnd hin und her und sagte: „Wie dumm und unwissend du doch bist! Du hast von der Natur eine Gunst erhalten, deren Wert du nicht erkennst. Die Natur stattete dich mit Anmut und lieblichem Duft aus, die sie nur selten verleiht. Lass also diese irrigen Gedanken und lasterhaften Wünsche beiseite, und sei zufrieden mit dem, was die Natur dir schenkte." ...

Das Veilchen entgegnete: „Dir fällt es leicht, mich zu trösten, o Rose, denn du besitzt all das, was ich erträume. Und dir fällt es auch nicht schwer, meine Bescheidenheit zu rühmen, da du von auffallender Schönheit bist. Wie unglaubwürdig klingen die Predigten der Glücklichen in den Ohren der Unglücklichen! Und wie unbarmherzig ist der Starke, wenn er dem Schwachen Lehren erteilt!"

Die Natur vernahm die Unterhaltung zwischen der Rose und dem Veilchen. Sie erzürnte und sagte: „Was fällt dir ein, meine Tochter Veilchen! Bisher kannte ich dich sanftmütig und edel. Hat der Ehrgeiz dich angesteckt und die Pracht dich verführt?"

Das Veilchen erwiderte mit flehender Stimme: „O Mutter, die du groß bist in deiner Macht und ebenso groß in deiner Zärtlichkeit! Ich

bitte dich inständig und voller Hoffnung,
meinen Herzenswunsch zu erfüllen und mich
zu einer Rose zu machen – und wenn es nur
für einen einzigen Tag wäre!"

Die Natur entgegnete: „Du weißt nicht,
was du verlangst. Du weißt auch nicht, wieviel
Elend sich hinter sichtbarer Größe verbirgt.
Wenn ich dich größer machte und deine Blüte
veränderte, würdest du es sicher eines Tages
bereuen ..."

Doch das Veilchen beharrte auf seinem
Wunsch und sprach: „Verwandle mich in eine
Rose von hohem Wuchs. Und was mir danach
auch geschieht, wird Teil meines Wunsches
und Strebens sein."

Die Natur streckte ihre unsichtbaren Zauber-
finger aus und berührte die Wurzeln des
Veilchens, das sich sogleich in eine hochauf-
ragende Rose verwandelte, die alle Blumen
überragte.

Als die Sonne an diesem Tag unterging, über-
zog sich der Himmel mit schwarzen Wolken,
und auf die Ruhe des Tages folgte ein heftiges

Gewitter; eine Armee von Blitzen, Donnern und Regengüssen erklärte dem Garten den Krieg. Der Sturm brach die morschen Äste, knickte die Pflanzen und entwurzelte die hochaufragenden Blumen. Nur die Pflanzen, die sich an die Erdoberfläche duckten, verschonte er.

Und jener abgelegene Garten erlitt bei diesem furchtbaren Unwetter größeren Schaden als alle anderen. Als der Sturm endlich nachließ und die dunklen Wolken sich verzogen, lagen alle Blumen geknickt oder entwurzelt am Boden – bis auf eine kleine Gruppe von Veilchen, die im Schutz der Gartenmauer wuchsen.

Eines der Veilchen erhob seinen Kopf und sah, was mit den Blumen und Bäumen des Gartens geschehen war. Es lächelte und sagte zu seinen Gefährten: „Seht nur, was der Sturm mit den stolzen, überheblichen Blumen gemacht hat!" ...

Da schaute sich die Königin der Veilchen um und sah in ihrer Nähe die Rose, die gestern noch ein Veilchen war. Der Sturm hatte sie ausgerissen und ihre Blütenblätter auf dem Gras zerstreut; und sie sah aus wie ein toter Soldat,

der von den Pfeilen eines Gegners nieder-
gestreckt worden war.

Die Königin der Veilchen wandte sich an ihre
Gefährten und sagte: „Seht her, meine Töchter,
und lasst euch dies eine Lehre sein! Seht das
Veilchen, das von Ehrgeiz besessen, sich in
eine Rose verwandeln ließ. Nur eine Stunde
lang war sie groß und von hohem Wuchs, dann
fiel sie auf die Erde nieder."

Die sterbende Rose bebte. Sie sammelte all
ihre Kräfte und sagte: „Eine Stunde lang lebte
ich wie eine Königin. Ich sah die Welt durch
die Augen einer Rose. Ich hörte das Flüstern
des Sephirs mit den Ohren einer Rose,
und ich fühlte die Strahlen des Lichtes mit
den Blättern einer Rose. Gibt es unter euch
jemanden, der diese Ehre beanspruchen kann?

Ich sterbe, aber meine Seele enthält etwas,
was keines Veilchens Seele je enthielt. Ich
sterbe mit einem Wissen um das, was hinter
dem begrenzten Dasein liegt, in dem ich
aufgewachsen bin. Und das ist das Ziel des
Lebens."

DIE STÜRME, S. 683 f

In einer klaren Nacht öffnete ich die Fenster und Tore meiner bedrückten Seele und trat hinaus. Ich sah dich, Erde, die Sterne beobachten, die dich anlächelten. Da wurde ich frei von meinen Fesseln und Lasten, und mir wurde bewusst, dass dein Kosmos der Zufluchtsort für unsere Seele ist. Die Wünsche unserer Seele sind deine Wünsche, ihr Friede ist dein Friede, und ihr Glück ist der goldene Staub, den die Sterne auf dich hinabstreuen.

Ein anderes Mal trat ich in einer bewölkten Nacht zu dir hinaus. Ich fand dich furchtbar und gewaltig. Bewaffnet mit dem Sturm bekämpftest du deine Vergangenheit durch deine Gegenwart. Du vernichtetest und vertriebst das Vertrocknete und Verwelkte in dir, damit es dem Neuen Platz mache ...

Da erkannte ich, dass die Gesetze der Menschen deinen Gesetzen folgen: ihr Rhythmus ist dein Rhythmus, ihre Lebensregeln sind deine Lebensregeln. Derjenige, dessen Stürme die vertrockneten und abgestorbenen Zweige nicht knicken, wird an Langeweile und Überdruss sterben, und derjenige, dessen Revolte und Auflehnung die Fülle seiner welken Blätter

nicht vertreibt, wird an Trägheit und Überfluss ersticken. Und wer nicht in Vergessen einhüllt, was von seiner Vergangenheit leblos und unbrauchbar geworden ist, wird die Früchte seiner Vergangenheit unter ein Leichentuch begraben.
Erde und Seele, S. 60 f

DIE ROTE ERDE

Ein Baum sagte zu einem Mann: „Meine Wurzeln reichen tief in die rote Erde, und ich werde dir von meinen Früchten schenken."

Der Mann erwiderte: „Wie wir uns doch gleichen! Auch ich bin tief in der roten Erde verwurzelt. Sie ist es, die dir die Großmut verleiht, mir von deinen Früchten anzubieten, und die mich lehrt, sie dankbar anzunehmen."
Der Wanderer, S. 1214

Nimm eine Handvoll guter Erde! Findest du darin ein Samenkorn oder einen Wurm? Wäre deine Hand groß genug, und hättest du genug Ausdauer, so könnte der Samen zu einem Wald

werden und der Wurm zu einer Engelschar.
Vergiss nicht, dass die Jahre, welche die Samen in Wälder verwandeln und die Würmer in Engel, ein Teil des Heute sind wie alle Jahre.
Die Rückkehr des Propheten, S. 1245

Im Wald gibt es weder Gerechtigkeit noch
    Strafe;
wirft die Weide ihren Schatten auf die Erde,
bezichtigt die Zypresse sie nicht der Ketzerei.
Der Reigen, S. 467

Im Wald gibt es weder Freie noch Sklaven.
Wenn der Mandelbaum seine Blüten aufs
    trockene Gras streut,
sagt er nicht: „Armes Gras! Sieh deinen Wohltäter!"
Der Reigen, S. 473

Im Wald gibt es weder Überwacher noch
    Aufseher,
die Gazellen springen närrisch beim Sonnenuntergang.

Doch der Adler sagt nicht: „Wie merkwürdig
   ist das!"
Der Reigen, S. 481

Im Wald gibt es keinen Unterschied zwischen
   Körper und Geist;
der Duft ist eine Blume, die ihren Wohlgeruch
   verströmt,
Erde und Fels hingegen sind kristallisierte
   Blumen.
Der Reigen, S. 485

Im Wald gibt es weder Erwartung noch
   Verdruss;
wie sollte er auch einen Teil erstreben,
da er alles besitzt; und wozu im Wald hoffen,
wenn der Wald selbst die Hoffnung ist.
Der Reigen, S. 487

Im Wald ist das Leben;
und wären die Tage in meiner Hand,
so würde ich sie im Wald ausstreuen.
Der Reigen, S. 493

Bäume sind Gedichte, die die Erde in den
  Himmel schreibt.
SAND UND SCHAUM, S. 946

Was bist du, Erde, und wer bist du?
Bist du nicht ein winziges Körnchen aus der
Staubwolke, die unter den Füßen Gottes
aufwirbelte, als er vom Aufgang des Weltalls
bis zum Untergang der Welt schritt, oder bist
du vielmehr ein Funke, der vom Herd der
Unendlichkeit aufflog?

Bist du der Kern, der ins Feld des Äthers ge-
worfen wurde, damit er die Scholle aufreißt,
kraft der Dynamik seines Innern? ... Bist du
eine Frucht, die allmählich unter der Sonne
reift, eine Frucht am Baum der Erkenntnis,
dessen Wurzeln in die Tiefen der Ewigkeit
reichen, und deren Äste und Zweige sich in
die Höhen der Unendlichkeit ausstrecken? ...
Oder bist du ein Juwel, das Gott in die Hände
einer Göttin legt?

Was bist du, Erde, und wer bist du?
Du bist ich, Erde. Du bist mein Augenlicht und
meine Wahrnehmung.

Du bist meine Vernunft, meine Fantasie und meine Träume. Du bist mein Hunger und mein Durst; mein Trank, meine Nahrung, meine Freude! Du bist meine Sorglosigkeit und meine Aufmerksamkeit. Du bist die Schönheit in meinem Auge, die Sehnsucht in meinem Herzen und die Unsterblichkeit in meiner Seele.

Du bist ich, Erde. Und wenn ich nicht wäre, so wärest du auch nicht.

Erde und Seele, S. 63

DER GRANATAPFEL

Als ich einst im Herzen eines Granatapfels wohnte, hörte ich einen Samen sagen: „Eines Tages werde ich ein Baum sein; der Wind wird in meinen Zweigen rauschen, die Sonne wird sich in meinem Laub spiegeln, und zu allen Zeiten des Jahres werde ich stark und schön sein."

Darauf sagte ein anderes Samenkorn: „Als ich so jung war wie du, hatte ich auch solche Wünsche. Mittlerweile habe ich gelernt, die Dinge zu gewichten, und ich habe eingesehen, dass meine Hoffnung eitel war."

Ein drittes Samenkorn sagte: „Ich sehe nichts in uns, das eine so große Zukunft verspricht."

Ein viertes sagte: „Aber was ist das für ein Leben, ohne Hoffnung auf eine größere Zukunft?"

Da sagte ein fünftes Samenkorn: „Warum streiten wir uns eigentlich darüber, was wir in Zukunft sein werden! Wissen wir doch nicht einmal, was wir sind."

„Was wir sind, das werden wir auch bleiben", meinte ein sechstes Samenkorn.

Und ein siebtes bemerkte: „Ich habe eine klare Vorstellung, wie alles kommen wird, doch ich kann sie nicht in Worte fassen."

Noch am selben Tag übersiedelte ich in das Herz einer Quitte. Da gibt es weniger Samenkörner, und die sind recht schweigsam.

DER NARR, S. 512 f

Dank eurer Fantasie könnt ihr euch bis zu den Wolken erheben ... Doch ich sage euch: Wenn ihr ein Samenkorn in die Erde legt, gelangt ihr höher hinaus.

Die Rückkehr des Propheten, S. 1250

Wenn die Erde atmet, leben wir;
wenn sie ihren Atem anhält,
sterben wir.

Erde und Seele, S. 754

2. KAPITEL
ELEMENT **WASSER**

*Ich lauschte der Musik des Meeres
und vernahm das Lied der Ewigkeit.*

DAS MEER

In der Stille der Nacht, wenn das Erwachen des Menschen
aus den Falten des Schleiers hervortritt, ruft der Wald:
Ich bin die Entschlossenheit, die im Sonnenlicht
aus dem Herzen der Erde wächst.
Doch das Meer verharrt schweigend und sagt zu sich selbst:
Die Entschlossenheit bin ich.
Und der Felsen spricht: Die Jahrhunderte
haben mich als ein Symbol errichtet,
Doch das Meer verharrt schweigend und sagt zu sich selbst:
Das Symbol bin ich.

Und der Wind spricht: Was für eine erstaunliche Verbindung
bin ich zwischen Dunst und Himmel!
Doch das Meer verharrt schweigend und sagt zu sich selbst:
Mir gehört der Wind!
Und der Fluss spricht: Was für ein erfrischender Trunk bin ich,
der den Durst der Erde löscht!

Doch das Meer verharrt schweigend und sagt
   zu sich selbst:
Mir gehört der Fluss!
Und der aufragende Gipfel sagt: Ich bleibe
   hier,
so lange die Sterne am Himmel stehen!
Doch das Meer verharrt schweigend und sagt
   zu sich selbst:
Mir gehören die Gipfel der Berge!

Und das Denken spricht: Ich bin der König,
außer mir gibt es keinen anderen König in
   dieser Welt!
Doch das Meer verharrt ruhig und sagt in
   seinem Schlaf:
Mir gehört alles!
Erde und Seele, S. 154 f

Ich hatte eine mystische, schlaflose Nacht auf dem Schiff, die ich auf Deck mit den Sternen, dem Mond und einem einzigartigen Sonnenaufgang verbrachte. Die Erinnerung einer solchen Nacht bleibt immer im Gedächtnis. Die Musik des Meeres, seltsam eingehüllt in Schweigen, und jene zahllosen, leuchtenden Welten, die schweigend durch den unermess-

lichen Raum schwebten, weckten in mir
Millionen erhabener Gedanken.
Briefe, S. 75

Die Wälder dieses Landes unterscheiden sich
nicht von den Wäldern in der übrigen Welt ...
Dagegen ist unser Meer wie das Ihre, und
diese beflügelte Stimme, die Sie an den Ufern
Ägyptens vernehmen, hören wir auch an
unseren Küsten. Und die tiefe Ruhe, die Ihre
Herzen mit Ehrfurcht und Schrecken erfüllt,
erfüllt auch die unseren mit Schrecken und
Ehrfurcht. Ich lauschte der Musik des Meeres
im Orient und im Okzident, und überall
vernahm ich das Lied der Ewigkeit, das den
Geist zu den höchsten Höhen erhebt und in
die tiefsten Tiefen versenkt; manchmal
erfüllt sie ihn mit Traurigkeit und manchmal
mit innerem Frieden. Ich lauschte diesen
Melodien am Sandstrand von Alexandrien ...
An diesem Meer einer alten Zivilisation
lauschte ich der Unterhaltung der Jahrhunderte, ebenso wie ich ihr gestern am Meer
der modernen Zivilisation lauschte. Diese
Unterhaltung hatte ich mit acht Jahren zum
ersten Mal gehört ...

Diese Unterhaltung höre ich auch heute, und ich stelle die gleichen Fragen ... Diese Worte lassen mich vieles verstehen, doch immer, wenn ich versuche, das Verstandene anderen verständlich zu machen, wandeln sich die Worte in meinem Mund in tiefes Schweigen. Und heute – da ich mich wie ein Achtzigjähriger fühle –, heute sitze ich wie der Achtjährige am Ufer des Meeres und schaue zum entferntesten Punkt am blauen Firmament, und wieder stelle ich tausendundeine Frage: Gibt es jemanden in euren Welten, der uns antwortet? Könnten sich die Tore der Ewigkeit nicht wenigstens für eine Minute öffnen, damit wir sehen, was sie an Geheimnissen und Mysterien verbergen? Ist es nicht möglich, dass ihr uns ein einziges Wort offenbart über jene geheimnisvollen, wirksamen und mächtigen Ordnungen, die uns in diesem Leben umgeben?
BRIEFE, S. 205 f

Ich blicke auf das, was hinter dem unbewohnten Land liegt, und ich sehe das Meer, die Wunder seiner Tiefen und die geheimen Schätze, die es in sich birgt, seine trotzig

schäumenden Wellen, seine Gischt, das
Steigen und Fallen der Wellen; all das sehe ich.

Meine Blicke wandern bis zu dem, was hinter
dem Meer liegt, und ich sehe das grenzenlose
Firmament mit den zahlreichen im Weltraum
kreisenden Welten, die leuchtenden Sterne,
die Sonnen und Monde, die Planeten und
Fixsterne und alle entgegenstreitenden und
sich versöhnenden Mächte von Anziehung und
Abstoßung, geschaffen und getragen von dem
zeit- und grenzenlosen Willen, sich dem universellen Gesetz unterwerfend, dessen Anfang
ohne Anfang und dessen Ende ohne Ende ist.
Eine Träne und ein Lächeln, S. 411

LIED DER WELLE

Der Strand und ich sind Verliebte;
bald trennt uns der Wind,
bald vereint er uns.
Ich komme aus dem Dunkel
und mische das Silber meiner Gischt
mit dem Gold seines Sandes;
ich kühle sein brennendes Herz
mit meinem Speichel.

Beim Morgenrot lese ich meinem Geliebten
aus dem Buch der Liebe vor,
und er drückt mich an seine Brust;
in der Abenddämmerung
rezitiere ich ihm das Gebet der Sehnsucht,
und er küsst mich.

Rastlos bin ich und ruhelos,
doch mein Geliebter ist geduldig
und langmütig.
Bei Ebbe umarme ich meinen Geliebten,
und bei Flut
werfe ich mich ihm zu Füßen.

Oft tanzte ich mit den Töchtern des Meeres,
wenn sie aus den Tiefen aufstiegen
und sich auf Felsen setzten,
um sich am Anblick der Sterne zu ergötzen.

Oft hörte ich einem Liebhaber zu,
der einer Schönen sein Leid klagte,
und ich seufzte mit ihm.
Wie oft wandte ich mich an die Felsen,
doch sie blieben stumm und unbeweglich;
ich spielte und scherzte mit ihnen,
und sie lächelten nicht einmal!

Wie oft spülte ich einen Körper an Land
und rettete ihm das Leben!
Wie oft stahl ich Perlen
aus den Tiefen des Meeres und schenkte sie
den Töchtern der Schönheit.

In der Stille der Nacht, wenn alle Kreatur
sich den Bildern der Träume überlässt,
wache ich einsam, bald singend, bald seufzend.
Ach, das Wachen richtet mich zugrunde!
Aber ich bin verliebt, und die Wahrheit der Liebe
ist das Wachen.

Eine Träne und ein Lächeln, S. 436 f

Der Tod gleicht dem Meer,
Der Leichte durchquert es mühelos,
während der Schwere untergeht.

Der Reigen, S. 490

In zwei oder drei Wochen werde ich aufs Land
fahren, wo ich in einem kleinen Haus wohnen
werde, das wie ein Traum zwischen Meer und
Wald liegt. Und wie schön ist dieser Wald!
Wie überreich an Vögeln, Blumen und Quellen
ist er! Vor einigen Jahren wanderte ich einsam

und alleine durch diesen Wald. Und abends ging ich an die See und saß trübsinnig auf dem Felsen, oder ich warf mich in die Wellen wie jemand, der vor der Welt und ihren Phantomen fliehen wollte.
BRIEFE, S. 239

Als die Nacht anbrach und der Schlaf seinen Mantel über die Erde warf, verließ ich mein Lager und lief zum Meer. Ich sagte mir: „Das Meer schläft auch nicht, und im Wachen des Meeres findet der Schlaflose Trost."

Als ich das Meer erreichte, hatte sich der Nebel von den Bergen auf die Küste gesenkt und bedeckte sie wie ein Schleier das Gesicht einer jungen, schönen Frau. Ich blieb stehen, beobachtete die Wellen und lauschte ihrem Choral. Ich dachte an die ewige Kraft, die sich dahinter verbirgt – die Kraft, die im Sturm dahineilt, im Vulkan aufbraust, im Mund der Rosen lächelt und mit den Bächen singt.
DIE STÜRME, S. 598

WAS DER BACH SAGT

Ich wanderte durchs Tal, als der Morgen anbrach und das Geheimnis verkündete, dass das Sein kein Ende hat. Plötzlich stand ich vor einem Bach, der durch das Tal fließt und singend sagte:

„Das Leben besteht nicht aus Wohlbefinden, sondern aus Suchen und Streben.

Der Tod kommt nicht mit Gesängen, sondern mit Krankheit und Verzweiflung.

Der Weise erweist sich nicht durch Worte, sondern durch das Geheimnis, das sich dahinter verbirgt.

Den Angesehenen erkennt man nicht an seiner Stellung, vielmehr gebührt diese Ehre dem, der einen hohen Rang ablehnt.

Den Edlen erkennt man nicht an seinen Ahnen. Wie viele Edle waren Opfer ihrer Vorfahren?

Den unterwürfigen Menschen erkennt man nicht an seinen Ketten, denn Ketten können prächtiger sein als kostbarer Schmuck.

Das Paradies besteht nicht in der Belohnung, vielmehr befindet es sich in den reinen Herzen.

Die Hölle besteht nicht aus Qualen, sondern sie ist in den leeren Herzen.

Der Besitz misst sich nicht im Gold. Wie viele Vagabunden sind reicher als die Reichen?

Der Arme erweist sich nicht durch Geringschätzung, denn der Reichtum der Welt sind ein Laib Brot und ein Gewand.

Die Schönheit zeigt sich nicht in den Gesichtern, denn sie ist ein warmer Strahl für die Herzen.

Die Vollkommenheit besteht nicht in der Unbescholtenheit, vielleicht hat derjenige mehr Verdienste, der Fehler begeht."

Das ist es, was der Bach den Felsen sagte, die an seiner Rechten und Linken aufragten.

Und vielleicht stammt, was er sagte, von den Geheimnissen der Meere.
Erde und Seele, S. 876 f

Ich hörte den Bach schluchzen wie eine
ihrer Kinder beraubte Mutter. Ich fragte ihn:
„Warum schluchzt du so, freundlicher Bach?"
Er entgegnete: „Weil ich gegen meinen Willen
zur Stadt fließen muss, wo die Menschen mich
missachten. Sie haben mein Wasser durch
Rebensaft ersetzt und brauchen mich nur
noch, um ihren Schmutz zu befördern. Wie
sollte ich da nicht schluchzen, wenn bald
meine Klarheit getrübt und meine Reinheit
besudelt wird?"
EINE TRÄNE UND EIN LÄCHELN, S. 351

Das Wasser der Flüsse besitzt den Geschmack
der Paradiesströme; und es hat eine Kraft,
die alles mitreißt, was sich ihm entgegenstellt.
DER REIGEN, S. 477

Sollte die Natur auf das achten, was wir über
die Zufriedenheit sagen, kein Fluss würde
zum Meer streben, und kein Winter würde zu
Frühling werden.
SAND UND SCHAUM, S. 951

DER FLUSS

Im Kadischa-Tal, durch das ein breiter Fluss strömt, unterhielten sich zwei Seitenarme des Flusses miteinander: „Wie kamst du hierher, und wie war dein Weg?", fragte der eine.

„Mein Weg war sehr beschwerlich", antwortete der andere. „Ein gebrochenes Mühlrad lag im Weg, und der Bauer, der mich aus meinem Bett auf die Felder zu leiten pflegte, ist gestorben. Ich musste dagegen kämpfen, im Schmutz derjenigen zu versickern, die den ganzen Tag faul in der Sonne liegen. Und wie war dein Weg, mein Bruder?"

„Mein Weg war ganz anders als deiner", war die Antwort. „Er führte den Berg hinab durch duftende Blumenfelder, vorbei an scheuen Weiden. Männer und Frauen tranken von meinem Wasser aus silbernen Schalen, und kleine Kinder planschten mit ihren rosigen Füßchen in meinem Wasser. Um mich herum gab es nur Fröhlichkeit und Gesang. Wie schade, dass dein Weg nicht so erfreulich war wie der meine!"

In diesem Augenblick rief der breite Strom:
„Herein, kommt herein, wir fließen bald ins
Meer! Kommt herein und hört auf zu reden!
Bleibt jetzt bei mir, denn wir münden bald ins
Meer! Kommt herein, und bei mir werdet
ihr eure Wanderwege vergessen, egal ob sie
erfreulich oder beschwerlich waren. Kommt
herein! Ihr und ich, wir alle werden unsere
Wege vergessen, wenn wir das Meer erreichen –
das Herz unserer Mutter."
Der Wanderer, S. 1227 f

Wenn in den Hainen und Weingärten der
Regen auf den Blättern tanzt und wenn der
Schnee fällt – als Segen und Zeichen eines
Bundes – und wenn ihr im Tal eure Herden an
den Fluss führt und wenn auf euren Feldern,
wo die Bäche die grüne Fläche wie Silberfäden
durchziehen, in euren Gärten, wo der Morgentau den Himmel spiegelt, und auf euren Wiesen
abendlicher Nebel euren Weg verhüllt, dann ist
überall die große See mit euch, als Zeugin eures
Erbes und auf der Suche nach eurer Liebe.
Die Rückkehr des Propheten, S. 1241

Der Widerschein der Morgensonne in einem Tautropfen ist nicht weniger schön als die Sonne selbst, und die Spiegelung des Lebens in eurer Seele ist nicht weniger kostbar als das Leben selbst.

Der Tautropfen spiegelt das Licht, denn er ist eins mit ihm. Wenn euch Dunkelheit umgibt, sagt euch: Diese Dunkelheit ist der noch nicht geborene Morgen; wenn ich jetzt unter den Geburtswehen der Dunkelheit leide, so wird schon bald die Morgenröte über mir aufgehen wie über den Hügeln.

Und der Tautropfen in der tiefen Blüte der Lilie gleicht euch, deren Seelen im Herzen Gottes ruhen.

Wenn ein Tautropfen sagt: In Jahrtausenden werde ich nichts anderes sein als ein Tautropfen, so entgegnet ihm: Weißt du nicht, dass sich das Licht aller Jahre in deiner Oberfläche spiegelt?

DIE RÜCKKEHR DES PROPHETEN, S. 1247

Es ist die Schneeflocke in euch,
die das Meer sucht.
Die Rückkehr des Propheten, S. 1241

Während der Wintertage, wenn die Felder und Gärten unter der Schneedecke schlummern und alles Leben sich ängstlich in die Nähe des Feuers zurückzieht, um sich dort aufzuwärmen, entwickeln die Dorfbewohner umso mehr den Wunsch und das Bedürfnis, Geschichten und Neuigkeiten zu erfahren und mit diesen Eindrücken die leeren Wintertage zu füllen, und die Abende und Nächte verbringen sie damit, darüber zu sprechen.
Rebellische Geister, S. 156

Finsternis hüllte Hügel und Täler ein. Dichter Schnee fiel vom Himmel, und Stürme jagten pfeifend und heulend von den Bergeshöhen in die Schluchten und Täler; dabei brachten sie reichlich Schnee mit, der sich in den Niederungen anhäufte. Die Bäume bebten aus Angst vor dem Sturm, und die Erde zitterte vor ihm. Der Wind vermischte den Schnee, der an diesem Tag gefallen war, mit dem Schnee der

vergangenen Nacht, bis die Felder, Hügel und
Pässe zu einer einzigen weißen Seite wurden,
auf die der Tod unverständliche Zeilen
schrieb, die er dann wieder auslöschte.
REBELLISCHE GEISTER, S. 127

Heute erleben wir einen prächtigen Schneesturm. Du weißt, Mary, dass ich alle Arten von
Sturm liebe, ganz besonders Schneestürme.
Ich liebe den Schnee; ich liebe sein unbe-
rührtes Weiß; ich liebe das sanfte Fallen der
Flocken; ich liebe seine Stille. Ich liebe den
Schnee in fernen Tälern, wo die Schneeflocken
im Sonnenlicht glitzern und funkeln. Dann
schmilzt der Schnee und fließt weg, indem er
leise sein Lied summt.

Ich liebe den Schnee, ich liebe das Feuer;
beide stammen aus der gleichen Quelle.
Doch meine Liebe für diese beiden Elemente
war eine Einstimmung auf eine stärkere und
umfassendere Liebe ...
BRIEFE, S. 256

LIED DES REGENS

Ich bin die silbernen Fäden,
welche die Götter zur Erde senden;
die Natur fängt sie auf
und schmückt sich mit ihnen.

Ich bin die kostbaren Perlen
aus der Krone der Astarte;
die Tochter des Morgens
raubte sie mir heimlich,
um die Felder zu zieren.
Ich weine, und es lächeln die Hügel,
ich falle hinab, und die Blumen richten sich auf.

Feld und Wolke sind Liebende,
und ich bin ihr Bote;
bald stille ich den Durst des einen,
bald heile ich die Krankheit des anderen.

Die Stimme des Donners
und das Schwert des Blitzes
künden mein Kommen an,
aber am Ende meiner Reise
erstrahlt am Himmel der Regenbogen.
So ist das irdische Leben:
unter den Füßen der Materie

beginnt es seinen Lauf,
und in den sanften Händen des Todes endet es.
Aus dem Herzen des Sees
steige ich auf,
schwebe auf den Flügeln der Luft,
bis ich einen Garten entdecke,
dann falle ich herab,
küsse die Lippen der Blüten
und umarme die Zweige.

Mit meinen Fingerspitzen
klopfe ich sanft an die Fensterscheiben;
einfühlsame Geister lauschen vergnügt
dieser geheimnisvollen Musik.
Ich vertreibe die warme Luft,
der ich mein Leben verdanke,
wie eine Frau, die den Mann beherrscht
durch die Kraft, die sie von ihm empfing.

Ich bin ein Seufzer des Meeres,
eine Träne des Himmels,
ein Lächeln des Feldes
ebenso wie die Liebe,
die ein Seufzer aus dem Meer der Gefühle ist,
eine Träne vom Himmel der Gedanken
und ein Lächeln vom Feld der Seele.
Eine Träne und ein Lächeln, S. 438 f

3. KAPITEL
ELEMENT LUFT

Ein Sturm befreit mein Herz von allen Sorgen und Kümmernissen.

O WIND

Du ziehst vorüber – bald singend vor Freude, bald weinend und klagend.

Wir hören und fühlen dich, ohne dich zu sehen.

Du bist wie ein Meer von Liebe, das unseren Geist umgibt und mit unseren Herzen spielt.

Du steigst empor mit den Gebirgen, senkst dich hinab mit den Tälern und breitest dich aus mit den Ebenen. In deinem Aufstieg bezeugst du Mut, in deinem Sinken Sanftheit und in deiner Ausbreitung Anmut. Du bist wie ein gnädiger König, großmütig mit den Schwachen und Gefallenen und stolz mit den Starken und Mächtigen.

Im Herbst seufzt du in den Tälern, und die Blumen weinen wegen deiner Seufzer.

Im Winter lehnst du dich auf, und die ganze Natur revoltiert mit dir.

Im Frühling wirst du schwach, und dank deiner Schwäche erwachen die Felder.

Im Sommer verbirgst du dich hinter einem Schleier des Schweigens, und wir halten dich für tot, erschlagen von den Pfeilen der Sonne und eingehüllt ins Leichentuch ihrer Hitze.

Mögest du klagen im Herbst oder lachen über die Scham der Bäume, die du entkleidet hast,

mögest du dich empören an Wintertagen und in den Nächten um die schneebedeckten Gräber tanzen,

mögest du krank sein im Frühling oder geschwächt wie ein Liebhaber, der unter der Abwesenheit der Geliebten leidet, auf deren Wangen er Tränen vergießt, um sie vom Schlaf zu wecken,

und mögest du tot erscheinen im Sommer oder schlafen im Herzen der Früchte, zwischen den Rebstöcken oder auf der Tenne.

Du trägst die Keime der Krankheit aus den Städten und von den Hügeln den Duft der Kräuter und Blumen. So handeln die großen Geister, welche die Leiden des Lebens still erdulden und schweigend seine Freuden erfahren.

Du flüsterst wunderbare Geheimnisse ins Ohr der Rose, die dich versteht; bald ist sie verwirrt, bald lächelt sie darüber. So machen es die Götter mit dem Geist des Menschen.

Einmal nimmst du dir Zeit, dann überstürzt du dich. Du strebst voran, ohne anzuhalten wie die Gedanken des Menschen; sie leben, solange sie sich bewegen und sterben, wenn sie erstarren. Du schreibst Verse auf die Oberfläche des Wassers, dann löschst du sie wieder aus – wie ein Dichter bei seiner Arbeit.
EINE TRÄNE UND EIN LÄCHELN, S. 422 f

Bevor die Sonne am Horizont erschien, saß ich in der Morgendämmerung auf einem Feld und hielt Zwiesprache mit der Natur. In dieser Stunde voller Reinheit und Schönheit, in der die Menschen noch in tiefem Schlaf versunken sind, saß ich im Gras und suchte eine Erklärung für all das, was ich um mich herum sah, für die Wahrheit der Schönheit und die Schönheit der Wahrheit.

Da zog eine leichte Brise an den Zweigen vorüber. Sie seufzte wie ein verzweifeltes Waisenkind.

„Warum seufzt du, leichte Brise?", erkundigte
ich mich.

Sie antwortete: „Weil ich auf dem Weg zur Stadt
bin, vertrieben von der Wärme der Sonne zur
Stadt, wo sich die Mikroben der Krankheit an
meine reine Schleppe heften werden und der
giftige Atem der Menschen mich berühren wird.
Deshalb siehst du mich betrübt."

Da erschien die Sonne hinter dem Gebirge
und krönte der Berge Häupter mit goldenen
Kronen. Und ich fragte mich: „Warum zerstört
der Mensch, was die Natur aufbaut?"

Eine Träne und ein Lächeln, S. 350

Der große Sturm, auf den ich gewartet hatte,
ist gerade gekommen. Der Himmel ist schwarz.
Das Meer ist von weißer Gischt bedeckt,
und die Geister unbekannter Götter schweben
zwischen Himmel und Meer. Während ich
schreibe, beobachte ich diese Naturszene.
Sie ist wundervoll – ebenso wie die, die wir in
New York erlebten.

Mary, was gibt es in einem Sturm, das mich

so bewegt? Warum bin ich so viel besser und stärker und traue dem Leben mehr, wenn ein Sturm vorüberzieht? Ich weiß es nicht. Doch ich liebe den Sturm mehr als alle anderen Naturerscheinungen.
Briefe, S. 92

O WIND

Vom Süden wehst du warm wie die Liebe, vom Norden kalt wie der Tod,

Vom Osten lieblich wie die Berührung des Geistes, und vom Westen kommst du mit Gewalt wie jemand, der hasst.

Bist du wechselhaft wie die Jahre, oder bist du ein Prophet, der aus den vier Himmelsrichtungen kommt, um uns mitzuteilen, was man dir dort anvertraut hat?

Im Zorn durchquerst du die Wüste, zertrampelst die Karawanen und begräbst sie im Sand. Bist du die verborgene Strömung, die im Licht der Morgenröte durch die Blätter der Bäume weht und wie Träume durch die Täler zieht,

wo die Blumen sich vor dir verneigen und das
Gras sich trunken wiegt.

Du peitschst das Meer auf und störst den
Frieden seiner Tiefen, sodass die Gischt im
Zorn aufsteigt; das Meer öffnet seinen Mund
wie einen Abgrund und verschluckt Schiffe
und Menschen.

Und du bist auch der zarte Liebhaber, der mit den
Locken der Kinder spielt, die ums Haus laufen.
Eine Träne und ein Lächeln, S. 423

In den Tiefen meiner Seele wohnt ein Lied,
das sich weder in Worte kleiden
noch mit Tinte zu Papier bringen lässt …
Wie kann ich es anstimmen,
ohne es rauen Winden auszusetzen?
Wer verbindet in seinem Lied
das Brausen des Meeres
mit dem Gezwitscher der Nachtigall,
das Heulen des Sturmes
mit dem Seufzer eines Kindes?
Welcher Mensch wird das Lied
der Götter anstimmen?
Eine Träne und ein Lächeln, S. 434 f

Ein mächtiger Schneesturm tobt draußen.
Das Studio ist hübsch warm, und ein heftiger
Wunsch zu arbeiten brennt in meiner Seele.
Ein Sturm befreit mein Herz immer von allen
kleinen Sorgen und Kümmernissen. Ein Sturm
weckt Begeisterung in mir. Ich werde aufgewühlt und suche Befreiung in der Arbeit. Ich
stelle mir oft vor, dass ich auf einem Bergesgipfel lebe im stürmischsten Land der Welt.
Gibt es solch einen Platz? Wenn ja, sollte ich
eines Tages dorthin ziehen und mein Herz von
Bildern und Gedichten abwenden.

Briefe, S. 115

O WIND
Wohin eilst du mit unseren Seelen, unseren
Seufzern, unserem Atem? Wohin trägst du die
Bilder unseres Lachens? Was machst du mit den
Flammen unserer unruhigen Herzen? Nimmst
du sie mit hinter dieses Abendrot, in ein anderes Leben? Oder nimmst du sie mit als Beute in
entfernte Grotten und schreckliche Höhlen, bis
sie vor Angst ohnmächtig werden und sterben?

In der Stille der Nacht offenbaren die Herzen dir
ihre Geheimnisse; bei Anbruch des Morgens gilt

dir der erste Blick aus schlaflosen Lidern.
Erinnerst du dich daran, was die Herzen
fühlten und was die Augen sahen? Zwischen
deine Flügel legt der Arme vertrauensvoll seine
Angst, der Waise seinen Kummer und die
Trauernde ihre Klage, und in die Falten deines
Gewandes verbirgt der Fremde sein Heimweh
und der Verlassene seine Sehnsucht. Bewahrst
du den Schwachen, was sie dir anvertrauen,
oder bist du wie die Erde, die alles, was man
ihr gibt, verwandelt und assimiliert?
Eine Träne und ein Lächeln, S. 424

Das Zwitschern des Vogels weckt den Menschen aus seiner Gleichgültigkeit. Er lauscht dem Lied und rühmt die Weisheit dessen, der das süße Lied des Vogels schuf ebenso wie die zarten Empfindungen des Menschen.

Das Gezwitscher regt den Menschen zum Nachdenken an; er fragt sich, was es auf sich hat mit dem Lied des kleinen Vogels, das ihn entzückte und die Saiten seines Gefühls anrührte, und das ihm die Bedeutung dessen offenbarte, was in den Büchern der Weisen vergangener Zeiten geschrieben steht.

Der Mensch fragt sich, ob sich der Vogel mit seinem Lied an die Blumen des Feldes wendet, oder ob er singend mit den raschelnden Zweigen der Bäume spricht, oder ob er das Rauschen der Bäche nachzuahmen sucht oder mit der gesamten Natur Zwiesprache hält. Doch auf seine Fragen erhält er keine Antwort.

Der Mensch weiß weder, was der Vogel auf dem Zweig sagt, noch weiß er, was der Bach murmelt, wenn er über den Kiesel plätschert; er weiß nicht, was die Wellen mitteilen, wenn sie die Küsten benetzen, oder was der Regen erzählt, wenn er auf die Blätter der Bäume tropft oder an die Fensterscheiben klopft. Er versteht nicht, was der Sephir den Blumen zuflüstert.

Aber er fühlt, dass sein Herz den Inhalt all dieser Stimmen versteht, und bald zittert er vor Freude, bald seufzt er vor Kummer. Diese Stimmen sprechen zu ihm in einer unbekannten Sprache, welche die Weisheit ihn lehrte, bevor er in diese Welt kam. Nun steht er schweigend da, wenn sein Herz mit der Natur Zwiesprache hält.

Die Musik, S. 12 f

DIE LERCHE UND DIE SCHLANGE

Eine Schlange sagte zu einer Lerche: „Es ist wahr, du fliegst hoch oben in den Lüften, aber dafür bist du nicht imstande, ins Herz der Erde einzudringen, wo in tiefem Schweigen der Saft des Lebens quillt."

Die Lerche antwortete: „Wenn du auch viel weißt und sicher klüger bist als die meisten, so ist es bedauerlich, dass du nicht fliegen kannst!"

Als ob sie die Antwort nicht gehört hätte, fuhr die Schlange fort: „Dir ist es versagt, die Geheimnisse der Erde zu erfahren und die Schätze ihres verborgenen Reiches zu entdecken. Erst gestern lag ich in einer Höhle aus Rubinen. Es leuchtete darin wie im Herzen eines reifen Granatapfels, und noch der matteste Lichtstrahl verwandelte alles in rosenfarbene Flammen. Wer außer mir kann solche Wunder erleben?"

„Niemand", entgegnete die Lerche, „aber dafür kannst du auch nicht singen!"

Die Schlange sagte: „Ich kenne eine Pflanze, deren Wurzeln bis ins Innerste der Erde reichen. Wer von dieser Wurzel isst, wird schöner als Astarte."

Und die Lerche erwiderte: „Wer außer dir könnte uns die Mysterien der Erde enthüllen! Umso betrüblicher ist es, dass du nicht fliegen kannst."

Die Schlange gab nicht auf und fuhr fort: „Im Erdinnern gibt es einen purpurfarbenen Strom. Wer daraus trinkt, wird unsterblich wie die Götter. Soviel ist sicher, es wird kein Vogel sein, der aus diesem purpurfarbenen Strom trinken wird."

Unbeeindruckt bemerkte die Lerche: „Selbst wenn du unsterblich wirst wie die Götter, so ist es bedauernswert, dass du nicht singen kannst."

Die Schlange war mit ihrer Kunst am Ende. Wütend zog sie sich in ihre Höhle zurück und schimpfte: „Hohlköpfige Sänger!"

Die Lerche schwang sich hoch empor und sang: „Schade, du Klugrednerin, dass du nicht singen kannst! Schade, du Besserwisserin, dass du nicht fliegen kannst!"
Der Vorbote, S. 726 f

DIE AMSEL

Zwitschere dein Lied, Amsel,
denn das Lied ist das Geheimnis der Schöpfung.
O, wäre ich wie du,
frei von Gefangenschaft und Fesseln!

Wäre ich ein Geist wie du,
der über dem Tal am Himmel schwebt!
Ich tränke das Licht wie Wein
aus Gläsern von Äther!

Wäre ich so zart
und so prächtig wie du,
der Wind würde meine Flügel entfalten,
damit der Tau sie schmückt.

Wäre mein Denken wie das deine!
Es schwebte über den Wolken
und verströmte seine Melodien
zwischen Wald und Himmel.

Zwitschere dein Lied, Amsel,
und vertreibe Kummer und Sorgen.
In deiner Stimme gibt es eine Stimme,
die an das Ohr meines Ohres dringt.

ERDE UND SEELE, S. 868

DER ADLER UND DIE LERCHE

Auf einem Berggipfel begegneten sich eine Lerche und ein Adler.

„Guten Morgen, mein Herr", grüßte die Lerche. Der Adler erwiderte ihren Gruß herablassend: „Guten Morgen!"

„Ich hoffe, es geht dir gut", fuhr die Lerche fort.

„Es ist alles in Ordnung", sagte der Adler, „aber weißt du nicht, dass wir die Könige der Vögel sind und dass es uns gebührt, eine Unterhaltung zu eröffnen?"

„Aber wir gehören doch zur gleichen Familie", erwiderte die Lerche. „Wer hat dir denn das weisgemacht", fragte der Adler missbilligend.

„Lass dich daran erinnern, dass ich ebenso hoch fliegen kann wie du", sprach die Lerche, „und außerdem verbreite ich Freude und Glück durch meinen Gesang, was du von dir nicht behaupten kannst."

„Freude und Glück", krächzte der Adler und wütete: „Du vermessene Kreatur! Mit einem Hieb meines Schnabels könnte ich dich töten! Du bist ja nicht einmal so groß wie meine Kralle."

Die Lerche ließ sich auf dem Rücken des Adlers nieder und begann, auf seinen Federn herumzuhacken. Der Adler, der sich belästigt fühlte, flog flink empor, um die Lerche abzuschütteln. Als es ihm nicht gelang, ließ er sich verdrießlicher als zuvor auf dem Berggipfel nieder und verwünschte die Lerche, die immer noch auf seinem Rücken saß.

In diesem Augenblick kam eine Schildkröte vorbei und lachte über den Anblick, der sich ihr bot; sie lachte so herzhaft, dass sie fast auf den Rücken gefallen wäre. Der Adler blickte auf die Schildkröte hinab und schimpfte: „Was gibt es da zu lachen, du dummes Kriechtier, das an der Erde haftet?"

„Warum ich lache?", erwiderte die Schildkröte. „Ich sehe, dass man dich zu einem Reittier gemacht hat und dass dir ein kleiner Vogel aufsitzt, der besser ist als du."

„Kümmere dich um deine Angelegenheiten",
entgegnete der Adler, „das ist eine Familienangelegenheit zwischen meiner Schwester
und mir."
Der Wanderer, S. 1190 f

Einmal füllte ich meine Hand mit Nebel. Dann öffnete ich sie, und siehe, der Nebel wurde zu einem Wurm.

Und ich schloss und öffnete meine Hand abermals, und siehe da, da war es ein Vogel.

Und wieder schloss und öffnete ich meine Hand, und in ihrer Handfläche stand ein Mensch mit traurigem, nach oben gewandtem Gesicht.

Und noch einmal schloss ich meine Hand, und als ich sie öffnete, war darin nichts als Nebel.

Und ich hörte einen überaus lieblichen Gesang.
Sand und Schaum, S. 937

Denn dies ist das Gesetz der Seefahrer:
Wenn ihr die Freiheit sucht, müsst ihr zu
Nebel werden. Das Formlose strebt immer
nach Form, so wie die zahlreichen Nebel danach streben, Sonnen und Monde zu werden.
Und wir, die wir lange suchten, und nun in
festumrissener Gestalt auf diese Insel zurückkehren, müssen wieder zu Nebel werden und
von den Anfängen lernen. Was könnte leben,
und sich zu den Höhen aufschwingen, wenn es
nicht zuvor gebrochen wird vom Leid und von
der Freiheit? Immer werden wir auf der Suche
nach den Küsten sein, wo wir singen, und wo
unser Gesang gehört wird.
Die Rückkehr des Propheten, S. 1233

Nebel, meine Schwester, weißer Atem,
der noch keine Form annahm,
ich kehre zu dir zurück als weißer,
    lautloser Atem,
als unausgesprochenes Wort.

Nebel, meine beflügelte Schwester Nebel,
wir sind nun vereint,
und wir werden vereint bleiben
bis zum zweiten Tag des Lebens;

seine Morgendämmerung wird dich
als Tautropfen in einen Garten legen
und mich als Säugling an die Brust
    einer Frau,
und wir werden uns erinnern.

Nebel, meine Schwester, ich kehre zurück,
ein Herz, das seinen Tiefen lauscht,
ebenso wie dein Herz,
ein Wunsch, der pochend und ziellos ist
    wie der deine,
ein Gedanke ohne Kontur und Form
    wie der deine.

Nebel, meine Schwester, Erstgeborene meiner
    Mutter,
meine Hände halten noch die grünen Samen,
die du mich ausstreuen hießest,
und meine Lippen sind noch versiegelt von
    dem Lied,
das du mich batest zu singen.
Ich bringe dir weder Frucht noch Echo mit,
denn meine Hände waren blind
und meine Lippen unnachgiebig.

Nebel, meine Schwester, wie sehr liebte ich
    die Welt, und die Welt liebte mich.

All mein Lächeln schmückte ihre Lippen,
und all ihre Tränen füllten meine Augen.
Doch ein Abgrund des Schweigens lag zwischen uns,
den sie nicht verringern wollte
und den ich nicht überwinden konnte.

Nebel, meine Schwester, meine unsterbliche Schwester,
ich sang die alten Lieder meinen kleinen Kindern vor,
sie lauschten, und Staunen war in ihren Gesichtern;
doch morgen werden sie das Lied vielleicht vergessen.
Ich weiß nicht, wem der Wind es zutragen wird.
Und war es auch nicht mein eigenes Lied,
es fand den Weg in mein Herz
und wohnte eine Weile auf meinen Lippen.

Nebel, meine Schwester, wenn auch all dies geschehen ist,
so habe ich doch Frieden geschlossen.
Es genügte mir, für die zu singen, die schon geboren waren.

Und wenn der Gesang auch nicht der meine ist,
so spricht er doch von meinem sehnlichsten Verlangen.

Nebel, meine Schwester! Meine Schwester Nebel,
ich bin nun eins mit dir.
Nicht länger bin ich mein eigenes Ich.
Die Mauern sind gefallen, und die Ketten sind zerbrochen;
ich steige zu dir auf als Nebel,
und zusammen werden wir über dem Meer schweben
bis zum zweiten Tag des Lebens,
wenn die Morgendämmerung dich als Tautropfen
in einen Garten legt
und mich als Säugling an die Brust einer Frau.
Die Rückkehr des Propheten, S. 1263 ff

4. KAPITEL
ELEMENT **FEUER**

Die Liebe ist die entflammte Hälfte des Lebens.

Während der Wintertage, wenn die Felder
und Gärten unter der Schneedecke
schlummern und alles Leben sich ängstlich
in die Nähe des Feuers zurückzieht, um
sich dort aufzuwärmen, entwickeln die
Dorfbewohner umso mehr den Wunsch und
das Bedürfnis, Geschichten und Neuigkeiten
zu erfahren und mit diesen Eindrücken
die leeren Wintertage zu füllen.
Rebellische Geister, S. 156

Komm, Gefährtin meines Lebens, setzen
wir uns an den Ofen, denn das Feuer ist die
köstliche Frucht des Winters! Erzähl mir,
was die Jahrhunderte uns aufzeichneten,
denn meine Ohren sind müde vom Seufzen
des Sturmes und vom Klagen der Elemente.
Eine Träne und ein Lächeln, S. 291

In jener schrecklichen Nacht saßen Rachel
und ihre Tochter in der Nähe des Feuers,
dessen Kohlenglut von Asche umgeben
war, und wärmten sich; doch die von dem
Feuer ausgehende Wärme wurde durch
die schneidende Kälte von draußen rasch

abgekühlt. Über ihren Köpfen glomm das
Licht einer Öllampe, das seine gedämpften
Strahlen in das Herz der Finsternis sandte.
Rebellische Geister, S. 129

Ich liebe den Schnee, ich liebe das Feuer;
beide stammen aus der gleichen Quelle.
Doch meine Liebe für diese beiden war
nur eine Einstimmung auf eine stärkere,
höhere und umfassendere Liebe.
Briefe, S. 256

„Das Leben besteht aus zwei Hälften:
einer gefrorenen und einer entflammten;
die Liebe ist die entflammte Hälfte."
Da trat ich in den Tempel, kniete nieder
    und flehte:
„Herr, mache mich zur Nahrung dieser
    Flamme!
Mache aus mir eine Speise für das heilige
    Feuer! Amen!"
Die Stürme, S. 558

Wie sollst du erwarten, dass Blumen in deinen Händen erblühen, wenn dein Herz ein Vulkan ist?
Sand und Schaum, S. 954

DIE FEURIGEN BUCHSTABEN

Schreibt auf meinen Grabstein: Hier ruhen die sterblichen Überreste dessen, der seinen Namen mit Wasser geschrieben hat.   John Keats

Werden die Nächte so an uns vorbeiziehen? Werden sie von den Schritten der Jahrhunderte zermalmt werden? Werden die Epochen uns überrollen? Und wird von uns nichts bleiben als ein Name, der mit Wasser statt mit Tinte geschrieben ist?

Wird dieses Licht verlöschen, diese Liebe vergehen und diese Sehnsucht verebben? Wird der Tod alles vernichten, was wir aufgebaut haben, und der Wind alles zerstreuen, was wir sagten? Wird die Finsternis alles verbergen, was wir taten?

Ist das unser Leben? Ist es eine Vergangenheit, die vorüber ist und deren Spuren verwischt sind? ... Wird alles vergehen, was unserem Herzen Freude machte oder was es betrübte – ohne dass wir den Sinn erfahren? ...

Nein, bei meinem Leben! Die Wahrheit des Lebens ist das Leben: ein Leben, das nicht im Mutterschoß beginnt und nicht im Grab endet... Dieses Leben in der Welt ist – mit allem, was es enthält – ein Traum. Das Erwachen aus diesem Traum ist der Tod. Alles, was wir in diesem Traum gesehen und getan haben, hat Bestand in Gott.

Der Sephir birgt jedes Lächeln und jeden Seufzer unseres Herzens und jeden Kuss, den die Liebe gebiert. Die Engel Gottes zählen jede Träne, die wir aus Trauer vergießen. Sie wiederholen jedes Lied, das die Freude uns entlockte. In der zukünftigen Welt werden wir allen Wellenbewegungen unserer Gefühle wieder begegnen, und wir werden unsere göttliche Natur erkennen, die wir in unserer Verzagtheit nicht beachtet haben.

Alle Irrtümer, die wir heute als Schwäche abtun, werden uns als Glieder in der Kette unseres Daseins erscheinen, die für die Kontinuität unseres Lebens notwendig waren.

Unsere Mühen, für die wir hier nicht belohnt wurden, werden mit uns überleben und uns zur Ehre gereichen. Und alle Einschränkungen und Schicksalsschläge, die wir geduldig ertragen haben, werden unseres Ruhmes Krone sein.

Hätte Keats gewusst, dass selbst der Gesang der Nachtigall nicht aufhört, im Herzen der Menschen die Schönheitsliebe zu wecken, so hätte er vielmehr gesagt:

Schreibt auf meinen Grabstein: Hier ruhen die sterblichen Überreste dessen, der seinen Namen mit feurigen Buchstaben in den Himmel geschrieben hat.

Eine Träne und ein Lächeln, S. 315 f

Jetzt bin ich glücklich an der Seite des Mannes,
der mit mir wie eine einzige Flamme aus der
Hand Gottes hervorging vor Beginn der Zeiten.
Und es gibt keine Macht der Welt, die mir
mein Glück rauben könnte, denn es stammt
aus der Harmonie zweier Seelen, die das
Einverständnis eint und die Liebe verbindet.
REBELLISCHE GEISTER, S. 85

Seit dieser Zeit verband Khalil und Miriam ein
gemeinsames, starkes Gefühl, und ihrer Seelen
waren wie eine einzige brennende Flamme,
die Licht verbreitet und Wohlgeruch verströmt.
REBELLISCHE GEISTER, S. 151

Salmas Schönheit offenbarte sich nicht nur
in der vollkommenen Gestalt ihres Körpers,
sondern ebenso in der Leuchtkraft ihres
Geistes, der einer weißen, brennenden Fackel
glich, die zwischen Erde und Himmel schwebt.
GEBROCHENEN FLÜGEL, S. 204

Wahrlich, wer das Feuer seiner Seele mit der Hand auslöscht, verrät den Himmel, der es entzündet hat.
GEBROCHENE FLÜGEL, S. 265

Ich kam, um mich von dir zu verabschieden, Geliebter, und unser Abschied soll unserer Liebe würdig sein. Möge er wie Feuer sein, welches das Gold schmilzt, damit es umso mehr glänzt.
GEBROCHENE FLÜGEL, S. 269

Feuer, Sturm und Erdbeben sind für die Erde das, was Hass, Unrecht und Bosheit für das menschliche Herz bedeuten: sie regen sich, treiben ihr Unwesen, und dann beruhigen sie sich wieder. Und aus der Erregung, dem Umtrieb und der Ruhe schaffen die Götter die Erkenntnis, nach der der Mensch ein Leben lang strebt.
EINE TRÄNE UND EIN LÄCHELN, S. 387

Die Liebe liest dich auf wie eine Korngarbe
und drischt dich, um dich zu entblößen.
Sie siebt dich, um dich von deiner Spreu zu
befreien, sie zerreibt dich, bis du weiß wirst,
und sie knetet dich, bis du geschmeidig bist.

Dann übergibt sie dich ihrem heiligen Feuer,
damit du heiliges Brot wirst für Gottes heiliges
Festmahl.

DER PROPHET, S. 888

5. KAPITEL
ELEMENT **DIE NACHT**

*Nur auf dem Pfad der Nacht
erreichen wir das Morgenrot.*

LIED DER NACHT

Die Nacht schweigt. Und im Gewand des
Schweigens verbergen sich ihre Träume.
Der Vollmond steht am Himmel, und lässt
    die Zeit nicht aus den Augen.
Komm, Tochter der Felder, lass uns die
    Weingärten der Liebenden aufsuchen!
Vielleicht können wir mit dem Saft der Reben
    die Flammen der Sehnsucht löschen.
Hör die Nachtigall in den Feldern! Sie
    verströmt ihre Melodien ins Firmament,
das die Berge mit dem Duft blühender Bäume
    füllen.
Fürchte dich nicht, Jüngling! Die Sterne
    halten die Kunde geheim, und die Nebel
    der Nacht verhüllen die Geheimnisse
    der Weingärten.
Fürchte dich nicht Jüngling! Die Braut des
    Dschinn schläft ihren Rausch aus.
Fast wäre sie aus den Augen der Nymphen
    entschwunden.
Und der Prinz der Dschinne geht gedanken-
    verloren vorbei!
Er ist verliebt, und kann nicht enthüllen,
    was ihn verzehrt.

Erde, S. 864

Nur auf dem Pfad der Nacht
erreicht man die Morgenröte.
SAND UND SCHAUM, S. 940

Wir gingen in den Garten hinaus, schritten
unter den Bäumen und fühlten die Finger
der Abendbrise unsere Gesichter berühren,
während die Blumen und das Gras sich leise
unter unseren Schritten wiegten. Als wir den
Jasminstrauch erreichten, setzten wir uns
schweigend auf die Holzbank und lauschten
dem Atem der schlafenden Natur, die uns die
verborgenen Tiefen unserer Herzen enthüllte
vor den Augen des Himmels, die uns ansahen.

In diesem Augenblick ging der Mond hinter
dem Sannin-Gebirge auf und tauchte die
Küste und die Hügel in silbernes Licht. Die
Dörfer erschienen auf den Schultern der Täler,
als ob sie gerade aus dem Nichts erstanden
wären, und der Libanon wirkte unter den
Strahlen des Mondes wie ein Jüngling, der sich
auf seinen Armen abstützt und ein leichtes
Gewand trägt, das seinen Körper verhüllt,
ohne ihn zu verbergen.
GEBROCHENE FLÜGEL, S. 211

Welche Flügel schweben in der Stille der Nacht über meinem Lager und wecken mich, damit ich beobachte, was ich nicht kenne, belausche, was ich nicht höre, betrachte, was ich nicht sehe, fühle, was ich nicht begreife und nachdenke über das, was ich nicht verstehe?

Dann seufze ich, und in meinem Seufzen empfinde ich Qualen, die mir süßer erscheinen als der Klang von Gelächter und Fröhlichkeit. Ich überlasse mich einer unsichtbaren Kraft, die mich sterben und auferstehen lässt, bis das Morgenrot anbricht, und sein Licht alle Winkel meines Zimmers erhellt. Dann schlafe ich ein, und unter meinen schweren Lidern tanzen die Schatten des Erwachens, und auf mein Bett aus Stein senken sich die Phantome der Träume.

Die Stürme, S. 555

Ihr wachst in eurem Schlaf, und reicher ist euer Leben, wenn ihr träumt. Denn alle Tage eures Lebens verbringt ihr mit Danksagung für das, was ihr in der Stille der Nacht erhalten habt.

Oft nennt ihr die Nacht eine Zeit der Ruhe; in Wirklichkeit ist sie die Zeit des Suchens und Findens.

Der Tag schenkt euch Wissen und lehrt eure Hände die Kunst des Empfangens; doch es ist die Nacht, die euch zur Schatzkammer des Lebens führt.

Die Sonne lehrt alle Lebewesen die Sehnsucht nach dem Licht. Doch es ist die Nacht, die uns alle zu den Sternen erhebt.

Wahrlich, es ist die Stille der Nacht, die einen Hochzeitsschleier webt, mit dem sie die Bäume der Wälder und die Blumen der Gärten schmückt; dann richtet sie ein verschwenderisches Fest aus und bereitet das Brautgemach, und in dieser heiligen Stille empfängt der Schoß der Zeit den neuen Tag.

So ist es auch mit euch; wenn ihr sucht, werdet ihr Nahrung und Erfüllung finden. Und wenn auch bei Tagesanbruch euer Erwachen die Erinnerung auslöscht, so ist der Tisch der Träume für immer gedeckt.

Die Rückkehr des Propheten, S. 1243 f

Hast du dich in der Abenddämmerung wie ich
in den Weinberg gesetzt, wo die Reben über
dir hingen wie goldene Lüster?

Hast du dich aufs Gras gebettet und dich mit
dem Himmel zugedeckt, unbesorgt über
das, was kommen mag und vergessend, was
vergangen ist?
Die Stille der Nacht ist wie ein Meer, dessen
Wellen in deinen Ohren rauschen,
und im Innern der Nacht schlägt ein Herz,
sein Klopfen vernimmst du auf deinem Lager.
DER REIGEN, S. 492

O NACHT

Nacht der Liebenden, der Dichter und der
Sänger!
Nacht der Phantome, der Geister und der
 Visionen!
Nacht der Sehnsucht, der Leidenschaft und
 der Erinnerung!
Du Mächtige, hoch aufragend zwischen den
Wolken der Abenddämmerung und den
Nymphen der Morgenröte, umgürtet mit dem

Schwert des Schreckens, vom Mond gekrönt
und eingehüllt in das Gewand des Schweigens.
Mit tausend Augen blickst du in die Tiefen
des Lebens, und mit tausend Ohren lauschst
du den Seufzern des Todes und des Nichts.

Du bist die Finsternis, die uns die Gestirne
des Himmels heller sehen lässt, während der
Tag ein Licht ist, das uns die Finsternis der
Erde verhüllt.

Du bist die Hoffnung, die uns mit Ehrfurcht
vor der Ewigkeit erfüllt, während der Tag eine
Täuschung ist, die uns wie Blinde in eine Welt
der Mengen und Maße versetzt.

Du bist die Ruhe, die durch ihr Schweigen die
Geheimnissee der in den Höhen schwebenden
Geister enthüllt, während der Tag Betrieb-
samkeit ist, die durch ihre Triebkräfte die
Geister erregt.

Du bist gerecht, denn du vereinst unter den
Schwingen des Schlummers die Träume der
Schwachen mit den Wünschen der Starken: du
bist auch gütig, denn du schließt mit deinen

unsichtbaren Fingern die Lider der Unglücklichen und trägst ihre Herzen in eine Welt, die weniger grausam ist als diese.

In die Falten deines dunkelblauen Kleides verströmen die Liebenden ihre Seufzer, auf deine taubenetzten Füße vergießen die Einsamen ihre Tränen. Und in deine Handflächen, die den Duft der Täler verbreiten, schluchzen die Fremden ihr Heimweh. Du bist die Vertraute der Liebenden, die Begleiterin der Einsamen und die Freundin der Fremden.

Unter deiner Obhut verströmen die Dichter ihre Gefühle, auf deinen Schultern erwachen die Herzen der Propheten, und in deinen Haarflechten entfalten sich die Talente der Denker. Du bist die Eingebung der Dichter, die Inspiration der Propheten und die Anregung der Denker.

Jedes Mal, wenn meine Seele der Menschen überdrüssig ist und meine Augenlider ermüdet sind vom Anblick der Tage, wandere ich zu den entlegenen Feldern, wo die Geister vergangener Zeiten schlafen.

Dort halte ich an vor einem finsteren
Geschöpf, das sich mit tausend Füßen über
Berge und Täler fortbewegt. Ich blicke der
Finsternis in die Augen, lausche dem
Rascheln unsichtbarer Flügel, fühle die
Berührung des Gewandes der Stille und
bezwinge meine Augen vor der Finsternis.

Dann sehe ich dich, o Nacht, gewaltig und
schön zwischen Himmel und Erde aufge-
richtet, eingehüllt in Wolken und umgürtet
mit Nebel, den Tag belächelnd, die Sonne
verspottend und die Sklaven verhöhnend, die
vor ihren Götzen Wache halten. Du zürnst
den Königen, die auf Seide und Brokat ruhen,
blickst den Dieben tadelnd ins Gesicht und
behütest den Schlaf der Kinder. Du weinst
über das Lachen der Dirnen und lächelst
über die Tränen der Verliebten. Mit deiner
Rechten erhebst du die großmütigen Herzen,
und mit deinen Füßen zertrittst du die
Kleinmütigen.

Ich sehe dich, o Nacht, und du siehst mich.
In deiner Sorge um mich bist du mir wie ein
Vater, und ich bin in meinen Träumen für
dich ein Sohn. Der Vorhang der Förmlichkeit

zwischen uns ist zerrissen, und die Schleier des Zweifels sind von unseren Gesichtern gefallen. Du enthüllst mir deine Absichten, und ich entdecke dir meine Wünsche und Hoffnungen. Dein Schrecken verwandelt sich in eine Melodie, die süßer ist als das Geflüster der Blumen, und meine Furcht verwandelt sich in trauliche Mitteilsamkeit, die köstlicher ist als das Gezwitscher der Vögel. Du hebst mich zu dir empor und setzt mich auf deine Schultern. Du lehrst meine Augen zu schauen, meine Ohren zu hören, meine Lippen zu sprechen, und mein Herz leitest du an zu lieben, was die Menschen hassen, und zu hassen, was die Menschen lieben.

Mit deinen Fingerspitzen berührst du meine Gedanken, und sie strömen wie Sturzbäche, die das welke Laub fortspülen. Dann berührst du mit deinen Lippen meine Seele, und sie entflammt zu einer Fackel, die alle vertrocknete Vegetation verzehrt.

Ich habe dich begleitet, o Nacht, bis ich dir ähnlich wurde; ich leistete dir Gesellschaft, bis sich meine Neigungen den deinen anglichen, und ich habe dich geliebt, bis sich meine Seele in ein Spiegelbild deines Wesens verwandelte.

Am Abend streut die Leidenschaft leuchtende Sterne in meine dunkle Seele, welche die Sorge am Morgen auslöscht, und in meinem Herzen scheint ein Mond, der einmal von Wolken verhüllt ist und einmal den Reigen meiner Träume anstrahlt. In meinem wachen Geist herrscht eine Stille, welche die Geheimnisse der Liebenden enthüllt und das Echo der Gebete der Frommen weiterträgt. Und auf meinem Kopf liegt eine Zauberkrone, die der Todeskampf zerbricht und die das Lied der Jugend wieder zusammenfügt.

Ich bin wie du, o Nacht. Die Menschen halten mich für anmaßend, wenn ich mich mit dir vergleiche; sie selber vergleichen sich mit dem Feuer, wenn sie sich rühmen wollen.

Ich bin wie du, o Nacht. Uns beide verdächtigt man zu sein, was wir nicht sind.

Ich bin wie du, o Nacht, auch wenn der Sonnenuntergang mich nicht mit goldenen Wolken krönt.

Ich bin wie du, o Nacht, auch wenn das
Morgenrot meine Schleppe nicht mit rosen-
farbenen Strahlen ziert.

Ich bin wie du, o Nacht, auch wenn keine
Galaxis mich umgürtet.

Ich bin eine stille Nacht. Meine Dunkelheit hat
keinen Anfang und meine Tiefe kein Ende.
Wenn die Seelen sich erheben und sich des
Lichtes ihrer Freuden rühmen, so erhebt
sich meine Seele, gefestigt im Dunkel ihres
Kummers.

Ich bin wie du, o Nacht, mein Morgen
erscheint erst am Ende meines Lebens.
DIE STÜRME, S. 559 ff

6. KAPITEL
DIE JAHRESZEITEN

Wenn der Winter sagen würde: „Der Frühling ist in meinem Herzen", wer wollte dem Winter Glauben schenken?

Was sind die Jahreszeiten anderes als eure wechselnden Gedanken: Der Frühling ist das Erwachen eures Herzens und der Sommer die Entdeckung eurer eigenen Fruchtbarkeit. Und ist nicht der Herbst eure Vergangenheit, die dem Kind in euch ein Wiegenlied singt? Und sagt mir, was ist der Winter anderes als ein Schlaf, reich an Träumen aller anderen Jahreszeiten!

Die Rückkehr des Propheten, S. 1245

Wenn der Winter sagen würde:
„Der Frühling ist in meinem Herzen",
wer wollte dem Winter Glauben schenken?

Sand und Schaum, S. 944

Fürchte dich nicht, mein Sohn! Die Natur will den Menschen warnen; sie demonstriert ihm ihre Macht und seine Ohnmacht, ihre Stärke und seine Schwäche. Fürchte dich nicht, denn hinter dem fallenden Schnee, den dunklen Wolken und den heftigen Stürmen ist ein heiliger Geist, der weiß, was die Felder brauchen.

Hinter allen Dingen verbirgt sich eine Macht, die mit erbarmungsvollem Blick auf die Niedrigkeit des Menschen schaut.

Fürchte dich nicht, denn die Natur, die im Frühling lächelt, an einem Sommertag lacht und im Herbst seufzt, will jetzt weinen, und mit ihren kalten Tränen bewässert sie das Leben, das unter der Erde schläft.
EINE TRÄNE UND EIN LÄCHELN, S. 330 f

Im Frühling werde ich Seite an Seite mit der Liebe in die Natur wandern; singend werden wir Täler und Hügel durchstreifen und die Spuren des Lebens suchen, in denen Veilchen und Anemonen wachsen, und wir werden den Regen aus den Kelchen der Narzissen und Lilien trinken.

Im Sommer werden die Liebe und ich unsere Häupter auf gebündeltes Stroh betten, das Gras wird unser Lager sein und der Himmel unsere Decke, und wir werden mit Mond und Sternen wachen.

Im Herbst werden die Liebe und ich die Weingärten aufsuchen. Wir werden uns in die Nähe der Weinpresse setzen und die Weinreben betrachten, die ihr goldenes Gewand ablegen, und wir werden den Vogelscharen nachschauen, die zur Küste fliegen.

Im Winter werden die Liebe und ich am Kamin sitzen, und wir werden uns die Zeit vertreiben mit Geschichten aus alten Zeiten und mit Berichten von anderen Völkern.
Gebrochene Flügel, S. 231

Bei uns ist es jetzt Herbst; die Bäume streuen bei jeder Bewegung den Rest ihrer gelben Tränen ins trockene Gras, und in der Luft schwebt der Atemhauch des Winters. Nach wenigen Tagen werden die Felder und Weiden mit einer Schneedecke bedeckt sein.

Dagegen ist bei euch nun Frühling. Das Leben erwacht und tanzt vor lauter Freude und Glückseligkeit. Hast du den Frühling mitgenommen, als du fortgingst, oder ist es die Natur, die der Schönheit mit Schönheit begegnet?
Aus einem Brief an Jamil Maaluf, Briefe S. 39

DER FRÜHLING

Komm, meine Geliebte, lass uns über den Morgentau laufen! Der Schnee schmilzt schon, das Leben erwacht auf seinem Ruhelager und schwingt sich in die Täler. Komm, folgen wir dem Frühling in die weiten Felder! Steigen wir auf die Gipfel, und betrachten die blühenden Täler!

Der Frühlingsmorgen hat sein prächtiges Gewand entfaltet, während die Nacht des Winters das ihre ablegte. Er warf es den Pfirsich- und Apfelbäumen über, und nun sehen sie aus wie Bräute in ihrer Hochzeitsnacht. Die Weinreben sprießen, ihre Äste und Zweige umarmen sich wie Verliebte. Die Bäche tanzen im Felsgestein und stimmen in den Freudengesang ein. Aus dem Herzen der Natur quellen Blüten und Blumen hervor wie aus dem Meer die Gischt.

Komm, lass uns die Tränen des Himmels aus den Kelchen der Narzissen trinken! Lauschen wir den Liedern der Vögel und atmen die Düfte ein, die jede Brise austeilt! Komm, setzen wir uns zu den Veilchen an diesem Felsen, und schenken wir uns den Kuss der Liebe!

DER SOMMER

Komm auf die Felder, meine Geliebte, denn die Tage der Ernte nahen! Die Saat reift, und die Sonne schenkt ihr die Vollendung durch die Strahlen der Liebe. Lass uns aufbrechen, ehe uns die Vögel zuvorkommen und die Früchte unserer Mühen ernten, oder bevor ein Heer von Ameisen sich unseren Platz aneignet!

Komm, pflücken wir die Früchte der Erde, so wie unsere Seelen die Früchte des Glückes ernten, das aus der Saat der Treue sprießt, welche die Liebe in unser Herz säte. Füllen wir unsere Speicher mit den Erträgen der Natur, so wie das Leben die Speicher unserer Erinnerung füllt.

Komm, meine Begleiterin, legen wir uns ins Gras, und decken wir uns mit dem Himmel zu! Lass uns ein Bündel weichen Heus als Kopfkissen nehmen. So ruhen wir aus von den Mühen des Tages und lauschen dem nächtlichen Flüstern des Baches im Tale.

DER HERBST

Komm in die Weinberge, meine Geliebte! Lass uns die Reben pressen und ihren Saft in Tonkrüge füllen, so wie die Seele die Weisheit von Generationen in ihren Tiefen hortet. Pressen wir die Blüten, und erhalten wir dem Auge ein Zeichen, das die Wirklichkeit durch ein Symbol ersetzt.

Kehren wir nun heim, denn die Blätter sind gelb geworden! Der Wind hat sie zerstreut, und sie legten sich wie ein Leichentuch auf die Blumen, die sich vor Kummer verzehrten, als der Sommer von ihnen Abschied nahm. Komm, die Vögel sind schon zur Küste aufgebrochen, und mit ihnen verließ die Geselligkeit Gärten und Wiesen. Einsam blieb der Jasmin zurück, der seine Tränen auf die Erde vergießt.

Lass uns heimkehren, denn auch die Bäche brachen ihre Reise ab, die Freudentränen der Quellen versiegten, und die Hügel legten ihre herrlichen Gewänder ab. Komm Geliebte, die Natur will schlafen und verabschiedet sich mit einem Wiegenlied.

DER WINTER

Rück näher zu mir, Gefährtin meines Lebens, rück näher! Der eisige Hauch des Schnees soll unsere Körper nicht trennen. Setzen wir uns an den Ofen, denn das Feuer ist die köstliche Frucht des Winters. Erzähl mir, was die Jahrhunderte uns aufzeichneten, denn meine Ohren sind müde vom Seufzen des Sturmes und vom Klagen der Elemente. Schließ die Türen und Fenster, denn das grimmige Gesicht des Himmels betrübt mich ebenso wie der Anblick der Stadt, die unter den Schichten des Schnees einer trauernden Witwe gleicht. Freuen wir uns an der Öllampe, die sich langsam verzehrt. Lass sie neben dir, damit ich lesen kann, was die Nächte in dein Gesicht geschrieben haben ...

Bring uns den Weinkrug! Trinken wir daraus und erinnern wir uns an die Tage der Weinlese. Rück näher, meine Geliebte, denn das Feuer erlischt, und bald bedeckt es die Asche. Drück mich fester an dich! Das Licht der Öllampe ist schon verloschen und es herrscht Dunkelheit ...

Der Wein macht unsere Augenlider schwer.
Sieh mich an mit deinen Augen, die der Schlaf
mit Kohel schminkte! Umarme mich, bevor
der Schlaf mich überfällt! Küss mich, denn
alles hat der Schnee erstickt – außer deinem
Kuss. Wie tief ist das Meer des Schlafes, meine
Geliebte, und wie weit entfernt ist der Morgen
in dieser Welt!
Eine Träne und ein Lächeln, S. 289 ff

Wir Städter, die wir inmitten der Anregungen
und Ablenkungen der Städte leben, wissen so
gut wie nichts vom Alltag der Dorfbewohner
im Gebirge. Wir werden mitgerissen vom
Strom des städtischen Getümmels, bis wir
den Rhythmus des einfachen Lebens auf dem
Lande vergessen, das im Frühling heiter
lächelt, im Sommer keine Mühen scheut, im
Herbst die Früchte dieser Mühen erntet und
im Winter ruht.
Die Nymphen der Täler, S. 44

Dein Frühling weckte mich und lockte mich in
deine Wälder, wo deine Seufzer wie Weihrauch
aufsteigen. Deine Sommer luden mich ein, in

deinen Feldern zu rasten, wo du unter Mühen einen Segen von Früchten hervorbringst. Dein Herbst trieb mich in deine Weinberge, wo dein Blut als Wein fließt. Und deine Winter ließen mich auf deinem Lager ruhen, das der Schnee blütenweiß bezogen hat.

Erde und Seele, S. 790

Wenn der Frühling kommt, um seine Geliebte in den Hainen und Weinlauben zu suchen, wird der Schnee gewiss schmelzen; er wird in Sturzbächen von den Hügeln fließen, um den Fluss im Tal zu erreichen, und er wird für Lorbeer- und Myrtenbäume ein Mundschenk sein.

Die Rückkehr des Propheten, S. 1240

7. KAPITEL
DIE SCHÖNHEIT DES LIBANON

Ihr habt euren Libanon und seine Probleme; ich habe meinen Libanon und seine Schönheit.

Ihr erinnert euch gern an die Felder und Gärten, die Plätze und Straßen, die Zeugen eurer Spiele waren ... Auch ich erinnere mich an einen herrlichen Flecken Land im Norden des Libanon. Kaum schließe ich die Augen vor meiner augenblicklichen Umgebung, so erstehen vor mir jene zauberhaften Täler und jene hohen Gebirge, die majestätisch in den Himmel ragen. Und kaum verschließe ich meine Ohren vor dem Lärm der Menge, so vernehme ich das Rauschen jener Flüsse und das Rascheln der Blätter jener Bäume.
GEBROCHENE FLÜGEL, S. 189 f

Im Frühling dieses denkwürdigen Jahres hielt ich mich in Beirut auf. Der April ließ die Blumen und das Gras blühen und sprießen, und in den Gärten der Stadt erschienen die Blüten wie Geheimnisse, welche die Erde dem Himmel anvertraut. Mandel- und Apfelbäume trugen weiße, duftende Gewänder und nahmen sich zwischen den Häusern wie Nymphen in schneeweißen Kleidern aus, wie Himmelsbräute, die Mutter Natur den Dichtern und Künstlern schickt.

Überall ist der Frühling schön, aber am schönsten ist er im Libanon. Er ist der Geist eines unbekannten Gottes, der mit raschen Schritten die Erde umkreist. Sobald er den Libanon erreicht, verlangsamt er seine Schritte und geht gemächlich weiter, indem er sich nach allen Seiten umschaut. Er lauscht den Geistern der Könige und Propheten, die dort im Raum schweben, den Flüssen Judäas, welche die ewigen Hymnen Salomons wiederholen, und den Zedern, die sich vom Ruhm vergangener Jahrhunderte erzählen.

Beirut ist im Frühling schöner als zu den übrigen Jahreszeiten: es ist befreit sowohl vom Schlamm des Winters als auch vom Staub des Sommers. Zu dieser Zeit erscheint die Stadt zwischen den Regenfällen des Winters und den Hitzewellen des Sommers wie ein hübsches, junges Mädchen, das sich im Meer gebadet und dann ans Ufer gesetzt hat, um ihren schönen Körper unter den Strahlen der Sonne zu trocknen.

GEBROCHENE FLÜGEL, S. 193

Wir gingen in den Garten hinaus, schritten unter den Bäumen und fühlten die Finger der Abendbrise unsere Gesichter berühren, während die Blumen und das Gras sich leise unter unseren Schritten wiegten. Als wir den Jasminstrauch erreichten, setzten wir uns schweigend auf die Holzbank und lauschten dem Atem der schlafenden Natur, die uns die verborgenen Tiefen unserer Herzen enthüllte vor den Augen des Himmels, die uns ansahen.

In diesem Moment ging der Mond hinter dem Sannin-Gebirge auf und tauchte die Küste und die Hügel in silbernes Licht. Die Dörfer erschienen auf den Schultern der Täler, als ob sie gerade aus dem Nichts erstanden wären, und der Libanon wirkte unter den silbernen Strahlen des Mondes wie ein Jüngling, der ein leichtes Gewand trägt, das seinen Körper verhüllt, ohne ihn zu verbergen.

In der Vorstellungswelt westlicher Dichter ist der Libanon ein fiktiver Ort, der mit David, Salomon und den Propheten untergegangen ist und sich ebenso wie der Garten Eden in Nichts auflöste, nachdem Adam und Eva ihn verlassen hatten. Für sie ist der Libanon ein poetischer Begriff, nicht der Name eines tatsächlichen Berges, eines Landes, sondern ein Bild, das einen Seelenzustand veranschaulicht, das Vorstellungen von Zedernwäldern heraufbeschwört, die Weihrauchduft verströmen, von Messing- und Marmorburgen, die sich majestätisch erheben, und von Gazellen, die in Gruppen zwischen Hügeln und Tälern erscheinen. Auch ich erlebte an diesem Abend den Libanon wie eine poetische Vision, die gleich einem Traum zwischen Schlafen und Erwachen auftaucht.

GEBROCHENE FLÜGEL, S. 211 f

Erinnere dich an mich, Amin, wenn du die Sonne hinter dem Sannin aufgehen siehst, oder wenn sie untergeht und Hügel und Täler in einen roten Schleier einhüllt, als ob sie wegen des Abschieds vom Libanon statt Tränen Blut vergieße. Erinnere dich an mich, wenn du die Hirten mit ihren Herden siehst, wie sie im Schatten der Bäume sitzen, in ihre Rohrflöten blasen und die Landschaft mit ihren Melodien erfüllen, wie Apollo, als die Götter ihn in diese Welt verbannt hatten. Erinnere dich an mich, wenn du die jungen Mädchen siehst, die ihre

Wasserkrüge auf ihren Schultern tragen.
Erinnere dich an mich, wenn du die libanesischen Bauern siehst, wie sie die Erde pflügen vor dem Angesicht der Sonne und im Schweiße ihres Angesichts. Erinnere dich an mich, wenn du die Lieder und Hymnen hörst, welche die Natur in den Herzen der Libanesen weckt, die Lieder, gewebt aus den Fäden der Mondstrahlen und vermischt mit dem Duft der Täler und der Zedern.

Briefe, S. 32 f

IHR HABT EUREN LIBANON UND ICH DEN MEINEN

Ihr habt euren Libanon und seine Schwierigkeiten; ich habe meinen Libanon und seine Schönheit ...

Euer Libanon ist ein politisches Problem, das die Zeit zu lösen versucht; mein Libanon hingegen sind die Hügel, die sich sanft ins Blau des Himmels erheben.

Euer Libanon ist ein internationales Streitobjekt, das die Nächte aufwerfen; mein Libanon

sind die stillen, verträumten Täler, in denen
das Geläute der Glocken und das Gemurmel
der Bäche zusammenklingen ...

Euer Libanon ist eine Regierung, die sich aus
vielen Köpfen zusammensetzt; mein Libanon
ist das majestätisch aufragende Gebirge, das
sich zwischen Meer und Ebene erhebt wie
der Dichter zwischen einer Ewigkeit und der
anderen.

Euer Libanon sind zwei Männer, von denen
der eine seine Steuern zahlt und der andere sie
kassiert; mein Libanon ist ein einziger Mann,
der im Schatten der Zedern weilt. Er hat sich
von allem zurückgezogen – außer von Gott und
dem Sonnenlicht.

Haltet noch ein wenig inne, damit ich euch die
Menschen meines Libanon zeige: Es sind die
fleißigen Bauern, die den unfruchtbaren, steinigen Boden in blühende Gärten verwandeln.

Es sind die Hirten, die ihre Herden von einem
Tal ins andere führen, damit die Tiere sich
vermehren, fett werden und euch Fleisch als
Nahrung liefern und Wolle für euer Gewand.

Es sind die Winzer, die die Trauben pressen und zu Wein und Sirup verarbeiten.

Es sind die Väter, die die Setzlinge des Maulbeerbaums aufziehen, und die Mütter, die das Seidengarn spinnen.

Es sind die Männer, die den Weizen mähen, und die Frauen, die die Garben sammeln. Es sind die Maurer, Töpfer, Weber und Glockengießer. Es sind die Dichter, die ihre Seelen in neue Gefäße gießen.
Erde und Seele, S. 777 ff

LITERATURHINWEISE

Die Seitenangaben beziehen sich auf Khalil Gibran, Sämtliche Werke in fünf Bänden, aus dem Englischen übersetzt, mit Nachwort versehen und herausgegeben von Simon Yussuf Assaf und Ursula Assaf-Nowak, Patmos Verlag, Ostfildern 2014.

Band 1 (vergriffen)
Die Musik
Gebrochene Flügel
Eine Träne und ein Lächeln
Lazarus und seine Geliebte
Der Blinde

Band 2 (ISBN 978-3-8436-0079-8)
Rebellische Geister
Der Narr
Die Stürme
Zwischen Nacht und Morgen
Beginn der Revolution
Bunte Gesichter

Band 3 (ISBN 978-3-8436-0174-0)
Die Nymphen der Täler
Der Reigen
Erde und Seele
Sand und Schaum
Der Wanderer
Der König und der Hirte

Band 4 (ISBN 978-3-8436-0239-6)
Der Vorbote
Der Prophet
Jesus Menschensohn
Die Götter der Erde
Der Unsichtbare
Die Rückkehr des Propheten

Band 5 (ISBN 978-3-8436-0351-5)
Briefe